中 国 道 教 文 化 之 旅 丛 书

全真丛林
八仙宫

总 主 编 张继禹
本册主编 胡诚林
编　　著 潘存娟

华夏出版社

《中国道教文化之旅》编辑委员会

总 顾 问：任法融
总 主 编：张继禹
主　 编：王哲一
执行主编：王炳旸
副 主 编：

黄信阳	黄至安	丁常云	唐诚青	赖保荣	刘怀元	林　舟	张金涛
张凤林	孟崇然	黄至杰	李诚道	张东升	袁志鸿	张明心	胡诚林
谢荣增	陆文荣	董沛文	刘世天	王书献	孙常德	史孝进	吉宏忠
王怀静	杨世华	詹达礼	高信一	吴诚真	李文兴	王至全	袁宗善
刘兴龙	欧治国	喇宗静	张崇新	赵理修	王崇道	邓信德	

编辑工作办公室主任：张兴发
编辑委员会委员：

任法融	张继禹	黄信阳	黄至安	丁常云	唐诚青	赖保荣	刘怀元
林　舟	张金涛	张凤林	孟崇然	黄至杰	李诚道	王哲一	王炳旸
袁志鸿	张明心	胡诚林	谢荣增	陆文荣	董沛文	刘世天	王书献
孙常德	张兴发	冯　鹤	郝光明	李信军	张　凯	吉宏忠	姚树良
张开华	翟仁军	成笃生	刘少波	黄健虹	吴信达	潘志贤	杨梦觉
陈明昌	张至容	杨明江	邹理慧	郑明德	吴诚真	刘玄遵	蔡亚庭
朱　泽	欧治国	万　文	王理砚	陈万赟	林美菊	陈信桂	廖信杰
贾慧法	任兴之	陈法永	孙敏财	尹信慧	杨世华	冯可珠	郑志平
简祖洪	薄建华	李宗贤	霍怀虚	张诚达	刁玉松	李　福	詹和平
陈理复	李宗旭	袁宗善	喇宗静	邓信德	赵理修	陈崇真	王崇道
王高静	史孝进	王怀静	詹达礼	高信一	王金华	李文兴	王至全
刘兴龙	张崇新						

序

殷商时期，道祖降临神州大地。他所倡导的致虚守静、少私寡欲、无为而治、道法自然、返朴归真、和光同尘等思想，深深影响了中国哲学；他所著《道德经》，提出了"道"、"自然"、"无为"等等著名的哲学概念，成为中国哲学的基石之作。

两汉之际，中国又出现了一位真人张陵，他奉老子为道祖（太上老君道德天尊），以老子《道德经》为祖经，以道为宗本，创立道教，融合传统宗教习俗，追求天人和谐、家国太平，倡导真正、积善成功、福臻家国，相信修道积德行善定能平安幸福、长生久视。

魏晋南北朝，道教人士秉承老子思想，光大张陵道风，建立弘扬道教文化的宫观，从此道教文化有了自己的文化宣传窗口，向世人展示着自己独特的魅力。

宫观发展至今，已成为道教信仰和修道者的圣地。成千上万的道教徒们在宫观内过着如法如仪的宗教生活，成万上亿的道教信徒们到宫观开示解惑、朝拜神灵、祈福禳灾。许多高道依托宫观实现了他们致道成仙的人生目标，如张道陵在大邑鹤鸣山驾鹤飞仙，许逊在南昌西山白日飞升，张三丰在武当山得道成仙。

宫观传衍至今，已成为中国传统文化的重要载体。每一个宫观都有着

它的历史传承、人物故事、文物胜迹、经典书籍和建筑艺术等等，这些均构成了本宫观的文化，这些文化又是宫观所在地文化不可或缺的重要组成部分。这不仅是宫观的，也是道教的，更是社会的传统文化。如张道陵祖师依托二十四治创立天师道，形成了天师道文化；杨羲、许谧依托茅山的靖庐创立了道教上清派，形成了茅山文化；许逊依靠万寿宫，形成了净明道忠孝文化；邱处机凭借白云观推动了全真龙门派的发展，形成了龙门祖庭文化。

宫观传承至今，已成为了道德伦理教化的场所。道教宫观中供奉的神灵，有古代神话中的人物，还有山川河岳等自然界的神灵，更有有功于社稷、有惠于黎民而为民众所敬仰的地方神灵。道教崇奉神灵的原则是"尊道贵德"，倡导崇尚德行、敬仰贤能。如道士孙思邈是古今医德医术堪称一流的名家，尤其对医德的强调，为后世的习医、业医者传为佳话。他的名著《千金方》中，也把"大医精诚"的医德规范放在了极其重要的位置上来专门立题，重点讨论。而他本人，也是以德养性、以德养身、德艺双馨的代表人物之一，成为历代医家和百姓尊崇备至的伟大人物，被道教崇奉为"药王"。又如道教崇拜的城隍神，皆为世间人之正直者，有"功施于民则祀之"的说法。他们有的是地方的"清官"，正直无私，秉公办事，能为民消灾解难者；有的是有功于国于民的"功臣"，生前曾对某地乃至全国作出过一定贡献，人们牢记其功绩，奉之为神灵；还有人间正直者，他们生前为人正直，与人们所希望的城隍神形象较为接近；更有世间乐善好施者，在中国传统社会中，积功行善，乐善好施者，往往受到人们的崇敬；当然也有神能者，生前有异能，造福乡民，人们相信他死后可以充当城隍之职；还有善鬼，人们认为，人死后进入阴间而为鬼，但只要积德行善也能提升。可见，城隍信仰中"人之正直，死而为神"的观点，正是人们把美好理想和愿望寄托于神灵，希望他们能像生前一样公正无私，造福于民。同时，也鼓励人们积极向上，崇尚德行，讲求孝道，对人们具有一定的教化功能，在一定程度上又构成了伦理道德体系。

同时，道教的宫观还是济世利人的基地，是服务社会、利益人群的场所。道教宫观导人向善的教化功能本身就发挥着净化社会的崇高精神。从历史上看，道教宫观曾经发挥过济世救人的功能。如张鲁行宽厚仁慈之政，以道教化世人，设立义舍于路边，放置米肉于其中，让过路的人量腹而食；邱处机在北京白云观创立十方丛林，收容遭战乱无家可归的人，多达数以万计，清乾隆皇帝赞扬说："万古长春不用餐霞求秘诀，一言止杀始知济世有奇功。"清代道士闵一得，主持金盖山纯阳观，大振玄风，乐善好施，奖掖后进。当代道教宫观，不忘祖训，更加积极投入到社会慈善公益事业中。道教宫观植树造林、美化环境；赈穷补急、兴利除害；积功累德、慈心于物；忠孝友悌、正己化人。如道教宫观在甘肃的生态林建设，九八洪灾捐款，四川地震灾害捐献等等，均彰显出道教宫观济世利物的高尚品德，由此清楚地看到宫观在道教传承中的地位和作用。

为了打造道教文化精品，提升道教品位；繁荣文化市场，满足群众需求；整合道教宫观资源，形成道教文化合力；推动对外文化交流，促进道教健康发展，响应"推动社会主义文化大发展大繁荣"号召，中国道协文化研究室以道教宫观为研究对象，推出"中国道教文化之旅"大型文化研究项目，把道教宫观文化承载的道教义理、建筑、绘画、生态等智慧和道教生动感人的故事展现出来，通过一座座宫观的文化之旅，探索发现出道教许多不为人知的价值内涵，从而彰显道教的人文精神。这样可以向社会人群提供优秀的道教精神产品、凸现道教文化魅力、创造良好的社会效益。从而提升道教形象，扩大道教影响，增强道教的亲和力，为构建和谐社会

作出积极有益的贡献。

感谢国家宗教局领导对《中国道教文化之旅》的大力支持，感谢各省道教协会、各宫观高道大德的积极参与，感谢今日集成广告有限公司张东升先生的热情襄助，感谢华夏出版社编辑的辛苦付出。我相信，道教文化的魅力与人文精神一定会通过本套丛书的出版而弘大显扬。

张继禹

2011年1月谨识于北京

目　录

饮中八仙遗唐韵 / 1
善酒善诗留佳话 / 4
诗酒仙缘长安客 / 8

吕祖成道显化记 / 11
黄粱一梦志出尘 / 12
从容十试道心坚 / 16
长安酒肆叹人心 / 19
显化人间主仙宫 / 22

钟吕八仙故事多 / 25
元神出窍换异相 / 26
狗皮膏药传善人 / 30
兵败吐蕃遇东华 / 33
十问十答物外亲 / 36
肯教踪迹掩红尘 / 39
奇术三戏唐玄宗 / 42
寒冬牡丹开异色 / 45
雪拥蓝关马不前 / 48
竹篮救人入仙门 / 51
醉酒踏歌知我谁 / 54
顶生六毫早得道 / 57
带染荔枝鞋化井 / 60

幡然悔悟入大道 / 63
帝赐金符微一笑 / 66
八仙祝寿成民俗 / 69
八仙过海显神通 / 72

全真道风盛长安 / 77

终南得道王重阳 / 78
继往开来振仙宫 / 82
天语温温问姓名 / 85
堪以胜迹作民气 / 89
大名犹列第一行 / 92
言无形迹尽天真 / 96
天字第一王理仙 / 100
玉溪道人闵智亭 / 104

文风武道存风骨 / 109

除欲究本百喻经 / 110
明修都讲六骰堂 / 116
全真道乐演正韵 / 119
以武护庙留传奇 / 123
梅兰清芬墨中开 / 126

仙宫本非人间景 / 131

敕修山门壮声威 / 132
扶正压邪灵官殿 / 136
宝箓仙传共尊位 / 140
紫光夫人位斗姆 / 144
孚佑帝君吕祖殿 / 148

光明和平太白殿 / 151

千金神方尊药王 / 155

一言止杀奉邱祖 / 159

半日神仙云隐堂 / 163

后园美景可聚仙 / 168

书画名家聚书廊 / 172

福惠众生庙俗好 / 175

新年争上头炉香 / 176

祈福求安打金钱 / 181

共沐神恩摸福字 / 184

心想事成摸神龟 / 187

有求必应吕祖签 / 191

法会庙会利众生 / 194

道情唱得心常安 / 197

素斋养生悦心目 / 200

饮中八仙遗唐韵

八仙宫位于西安东关长乐坊。长乐坊,在唐代酿造业发达,酒肆林立,是文人、官员饮酒交游的首选之地。饮中八仙在此留有佳话。自那时起,西安东关的空气里就氤氲着浓浓的诗韵酒香。

◎ 唐韵：八仙宫局部

善酒善诗留佳话

长乐坊,是唐代诗人的乐园。以诗会友、以诗佐酒,流传了数不清的雅事佳话,其中最具情趣的莫过于杜甫的《饮中八仙歌》了。这里的"饮中八仙"和后来修建的八仙宫以及钟吕八仙倒未必都有什么联系,但是他们曾在这片空气中留下的自由洒脱、旷达放逸的精神却久久不能淡出人们的记忆,为之后这里八仙信仰的盛行预先营造了一种心理暗示与环境氛围。

据《新唐书·李白传》记载,李白与贺知章、李适之、李琎、崔宗之、苏晋、张旭、焦遂并称为"酒中八仙人",也称饮中八仙或醉八仙。他们是同时代的名人,都在长安生活过,嗜酒工诗,性情豪放,其中还不乏有道缘仙缘之人,真是"物以类聚,人以群分"。

杜甫将他们写进同一首诗里,描画了一幅栩栩如生的诗人醉酒图。诗云:

知章骑马似乘船,眼花落井水底眠。
汝阳三斗始朝天,道逢麴车口流涎,恨不移封向酒泉。
左相日兴费万钱,饮如长鲸吸百川,衔杯乐圣称避贤。
宗之潇洒美少年,举觞白眼望青天,皎如玉树临风前。
苏晋长斋绣佛前,醉中往往爱逃禅。
李白一斗诗百篇,长安市上酒家眠,天子呼来不上船,自称臣是酒中仙。
张旭三杯草圣传,脱帽露顶王公前,挥毫落纸如云烟。
焦遂五斗方卓然,高谈雄辩惊四筵。

贺知章(659—744),字季真,越州永兴(今浙江省萧山市)人。武则天证圣元年即公元695年进士,授国子四门博士,迁太常博士。后历任礼部侍郎、秘书监、太子宾客等职,晚年入道还乡。他是著名的诗人、书法家,一生"诗笔唯命"、嗜酒如命。为人旷达不羁,自号"四明狂客",有"清谈风流"之誉。遇到志趣相投的诗友,他就一定会喝得酩酊大醉,尽欢而散。李白与他初次相遇时,他就曾"解金龟换酒为乐",还赠给李白一个"谪仙人"的雅号。杜甫描写他"骑马似乘船"的醉态,还是借用了一个典故呢。据传说,"阮咸尝醉,骑马倾欹,人曰:'个老子如乘船游波浪中'"。古今旷达纵逸之人,往往都如此相似吧!

汝阳王李琎,是唐玄宗的侄子,在玄宗眼里"倍比骨肉亲"!这天一大早,他刚刚喝了三斗酒,才准备上朝拜见天子。轿子抬到半道上,一辆酒车缓缓擦肩而过,那醇厚的香味顿时又勾起了这位王爷的馋虫,他口水都快流下来了。他也顾不得什么形象,急忙下轿,叫住酒车,捧起一坛就喝开了。大家围在四周,七嘴八舌地笑着说:"咱们这位王爷啊,真是个酒仙!"随从极力劝阻着:"王爷,少喝点吧。刚才已经喝了三斗了,一会儿还要见圣上呢!"他却意犹未尽地嘟囔:"我又没醉。对了,见到圣上,正好请他给我换换封地,我要酒泉!"看看,也只有他才敢这么想这么说吧?

"左相"指的是李适之。他于天宝元年即公元742年任左丞相,也是位

◎ 信士敬献八仙祖师匾

好酒的主儿，每天晚上邀集宾客，饮酒作乐，花费竟达一万钱。他的酒量奇大，好像鲸鱼吞水，一饮数斗。这样喝酒当然是要有雄厚的经济实力做基础的，在他这个地位上，倒也不难。后来他受李林甫排挤，罢相归家，仍然不减酒兴，常与亲朋会饮，曾赋诗道："避贤初罢相，乐圣且衔杯。为问门前客，今朝几个来？"用"避贤"一词，语意双关，讽刺奸臣。他好酒而洁身自好，知进退荣辱，也算得上有道家风骨啊！

崔宗之是唐代与李白齐名的名士，此人洒脱倜傥，英俊风流，经常与李白月夜乘舟、诗酒唱和。饮时豪迈放达，高举酒杯旁若无人；酒后潇洒自在，宛如玉树迎风摇曳。"玉树临风"一词，我们常用来形容男子英俊潇洒，就是出自此诗。想想当时，崔宗之一定也拥有不少粉丝呢！

苏晋（676—734），唐代诗人，是"饮中八仙"中最有意思的一位。他一心向佛，长期斋戒参禅，一面又嗜酒，经常喝得醉醺醺。斋耶？酒耶？他大概常常处在很矛盾的心理当中。一个"逃"字，憨态可掬、幽默生动地刻画出他率性可爱的性格。据说他几岁时就会写文章，曾经写过《八卦论》，有王粲之才。唐玄宗"每有制命"，大都要苏晋来定稿的。

诗中的中心人物要算是李白了。李白嗜酒，真是不同寻常的，"百年三万六千日，一日须倾三百杯"！他不仅能够如此豪饮，而且酒后才思泉涌，诗文气势奇绝，"兴酣落笔摇五岳"！喝到尽兴，写到尽情，便在"长安市上酒家眠"，甚至"天子呼来不上船"。李白不畏权贵、桀骜不驯，醉中还不忘告诉世人自己是"酒中仙"。何等洒脱，何等酣畅！大概"酒中八仙"的命名最早就源自李白吧。而且，李白还和后来的八仙宫多少有点关系，我们后面再说。

张旭是一位极有个性的著名书法家，其草书成就最高，史称"草圣"。张旭和李白很像，李白喝醉了写诗，张旭喝醉了写字。据说他"好酒，每醉后，号呼狂走，索笔挥洒，变化无穷，若有神助"，甚至用头发蘸墨书写，所以还有一个雅号"张颠"。韩愈曾评价他的字"变动犹鬼神，不可端倪"。后人评价唐人书法，对其他书法家均有褒贬，对张旭却只有赞叹，这是艺术史上绝无仅有的。而且他和李白一样无视权贵威严，喝到高兴时、写到忘情处，就是在王公面前也会脱帽露顶，自由挥洒，不拘小节。

　　李白和张旭都堪称纯粹的艺术家，满怀激情，如醉如痴，惊世骇俗。怪不得唐文宗曾下诏，以李白诗歌、裴旻剑舞、张旭草书为"三绝"。

　　诗中最后写到的焦遂，虽是一介布衣，可是才华横溢，不可多得。他每当五斗酒下肚，才会略显醉意。此时的他，姿态卓然，高谈阔论，他卓越的见识和雄辩的口才，常常令在座宾客惊讶赞叹！位列酒仙，可不是只会喝酒就行的噢！

　　这八位文人是否真在一起喝过酒，我们不得而知。但还是那句话，"物以类聚，人以群分"，同类人的精神是时空不能隔断的。

　　自从杜甫将这八位文人名士以诗歌形式创作成人物群雕"饮中八仙"后，历代都有人以此为题材创作出丰富多彩的艺术作品。例如绘画，著名的有明代万邦治的《醉饮图》；还有作为装饰图案的，如江西省景德镇陶瓷馆藏品"五彩饮中八仙图荷口瓜棱碗"。这"饮中八仙"的形象都以人们喜闻乐见的艺术形式出现，也正说明了人们对"饮中八仙"广泛而深厚的喜爱。

诗酒仙缘长安客

饮中八仙的中心人物李白,是最有仙缘道缘的伟大诗人。

他的出生充满仙话色彩。传说他出生于四川绵州昌隆县,也就是今天的江油市青莲乡,这是他的父亲李客被贬碎叶之后的迁返之地。在江油流传着这样一个神奇的传说:太白金星不知因何故被玉皇大帝贬下凡尘。他从南天门出来,经过西蜀的青莲乡,看见这里山清水秀,鸟语花香,恰如人间仙境,就决定在此投生。正在此时,一位女子来到河边浣纱,太白金星见她端庄秀丽,就摇身变成一尾金色鲤鱼,跳进女子盛衣服的竹篮。这女子就是刚从西域迁来不久的李客之妻,她见鲤鱼自己跳入篮中,自然是又惊又喜,当即把鲤鱼带回家烹煮了与丈夫共享。说来也怪,自此她便有了身孕。怀胎十月,忽然有一夜,李客妻觉得困乏,渐入梦境,朦胧间看见天上的长庚星落到了自己怀中,还伴随着一道耀眼金光。她不由得惊醒,接着便生下一个小男孩。夫妻俩自然是喜不自胜,就为孩子取名李白,字太白。因为民间把长庚星也叫作"太白金星"。所以说,李白本来就是仙人

◎ 李白画像

下凡。他的诗文奇绝，酒量惊人，而且学道有成，剑术也堪称一流，若是凡人怎么能做得到呢？

　　李白的一生，与道教结下了不解之缘。在唐代，由于皇室崇道，文人学士与道士交游的社会风气非常普遍。在道教氛围浓厚的蜀地成长起来的李白，青少年时期就喜欢和道士交游。他自述"十五游神仙，仙游未曾歇"。他曾在戴天山大明寺隐居读书，"五色神仙尉，焚香读道经"，就是他这个时期读书生活的写照。他还和东严子在岷山隐居，多年不进城市。据载，东严子是一位术士，擅长纵横学，喜欢养鸟，他们一起养了数以千计的珍禽。这些鸟儿听见呼叫，就会落在手中取食，一点儿也不怕人，别人都认为他们使用了道术。

　　李白生性浪漫，热情奔放，他从二十岁开始四处漫游，结交名人雅士，其中包括著名道士司马承祯、元丹丘、胡紫阳等，同时创作了大量的诗篇。

　　司马承祯，字子微，隐于天台山，自号白云子，长于服饵之术。司马承祯见到李白时，说他"有仙风道骨，可与神游八极之表"。李白受到鼓舞，更加坚定了学道求仙的决心，写下《大鹏赋》表示相随之志。清人王琦把司马承祯与陈子昂、卢藏用、宋之问、王适、毕构、李白、孟浩然、王维、贺知章并称为"仙宗十友"。

　　李白与道士元丹丘更是情同手足，他说："吾将元夫子，异姓为天伦。"他们曾经一起"历行天下，周求名山"，李白还在丹丘的别业寄居过一段时间，流连忘返，甚至希望携全家在此长期隐居。分别后，李白还写了许多怀念丹丘的诗篇。

　　李白通过元丹丘又结识了道士胡紫阳，元丹丘是胡紫阳的弟子之一。胡紫阳九岁出家，属陶弘景一派传法世系，曾被召为威仪（道教职名）及天下采经使。相传他曾得到真人所授密法。李白因此向胡紫阳学习了不少仙道之术，他说："予与紫阳神交，饱餐素论，十得其九。"

　　李白虽然超然物外，但也相信"天生我材必有用"，希望自己的才华得到统治者赏识，以便实现政治理想和抱负。公元742年，即唐天宝元年，李白在会稽与道士吴筠隐居。吴筠是潘师正的弟子，因进士不第，入嵩山

修道，精通正一之法，而且擅长著述。他的诗文传入京师，得到唐玄宗赏识。经吴筠推荐，李白也被召至长安，供奉翰林。李白与王远知、潘师正、司马承祯、吴筠、胡紫阳、元丹丘这些道士始终保持着密切的关系，同时和好道的贺知章、玉真公主等人也过往甚密，在政治上得到了他们的帮助。一时间，他以"斗酒诗百篇"、"天子呼来不上船"的风采，名扬天下。

传说李白曾在长安酒肆畅饮，而且偏爱"徐记酒家"的酒。这个酒家的酒味道醇美，闻名遐迩。李白常到这里来，呼朋引伴，联诗斗酒。"李白问道谁家好，刘伶回言此处高"，他们真是兴味盎然啊！徐记酒家有了"名人效应"，自然是财源滚滚。酒店掌柜和他的后人们感恩诗人，捐资在八仙庵内修建太白殿，供奉李白画像。这是八仙宫太白殿来历的说法之一。人们似乎在无意间恢复了李白作为天界神灵"太白金星"的身份。当然，无意也许正是天意吧。

但是诗人毕竟是诗人，他的耿介与不羁终不能见容于权贵，于是弃官而去，继续求仙问道，最后终于在齐州紫极宫请高天师授予道箓，从此加入了道士籍。李白的入道，是政治上的失意，也是以往经历的自然结果。所以，李白的一生行状，可以用三个关键词概括，那就是"诗歌"、"饮酒"和"求道"。"诗仙"、"酒仙"之名，大概也由此而来。

在李白的一生中，长安是他的向往之地，也是政治理想失落之地。历史似乎并不垂青这位大才子，盛唐长安没有挽留他，只让他成了失意的过客。然而即使只有三年，这位长安的过客，也没人能掩藏他的光华，就如金星划过长空，注定会为古城留下不灭的光彩，给长乐坊留下无边的遐想，给后人留下无尽的怀念。如今，诗人杳如云鹤，酒家寂无踪迹。唯有这些佳话传奇，被一代代地传颂，酒香诗香混合着八仙宫的香火，浸润着长乐坊的空气，袅袅不绝。

吕祖成道显化记

宋代长乐坊与唐代长乐坊在地理位置上稍有差异,但继承了唐代遗风,在此也形成了发达的酒肆业。吕祖就是在这里受到点化,抛俗入道的。所以有传说,八仙宫的前身正是吕祖祠。

黄粱一梦志出尘

吕洞宾,名岩,字洞宾,号纯阳子,自称回道人,世称吕祖或纯阳祖师。他大约生于唐末,卒于宋初,与陈抟为同时代人。《唐才子传》中说他是唐末京兆(今陕西西安)人。较早的宋代记载,则称他为"关中逸人"或"关右人"。元代以后一般认为吕洞宾于公元796年,即唐德宗贞元十二年农历四月十四出生在永乐县招贤里(今山西省芮城县永乐镇)。

吕洞宾本是一名儒生,从小饱读诗书,学富五车,可是命运却偏偏要

◎ 八仙宫吕祖殿

捉弄他，两次考进士都没得中。不知不觉垂垂老矣，46岁时，他又去京城长安赴试，仍指望挣个一官半职好光宗耀祖。但功名无望，他也常借酒浇愁，疏解失意落魄的情绪。

这一天，他又来到长安酒肆，忽然看到一个道人，相貌非常奇特，身着白色道袍，正在一面墙上题诗。吕洞宾好奇啊，就停下来看。只见那道人笔走龙蛇，霎时间写下三首诗：

坐卧常携酒一壶，不教双眼识皇都。
乾坤许大无名姓，疏散人中一丈夫。
得道高人不易逢，几时归去愿相从。
自言住处连沧海，别是蓬莱第一峰。
莫厌追欢笑语频，寻思离乱好伤神。
闲来屈指从头数，得见清平有几人。

吕洞宾边看边念，只觉得诗中之意飘逸洒脱，字字句句像是撞在自己心上，令人欢喜酣畅。不由得上前作了一揖，问道："敢问高人尊姓大名？"道士答道："我叫汉钟离，字云房。住在终南山里，你愿意跟我一起去吗？"吕洞宾犹疑不定，没敢接话。汉钟离见他此时尚未开悟，不便勉强，就又说："你可以作一首绝句，让我来了解一下你的志向与胸怀。"吕洞宾没有介意道士的直白，随即挥笔题诗一首：

生在儒家遇太平，悬缨垂带布衣轻。
谁能世上争名利，臣事玉皇归上清。

汉钟离一看，暗自惊叹："果然有些根器！"心中喜悦，便拉着吕洞宾进了一家客店。二人在店中住下来，汉钟离取出一些黄粱，准备柴草，烧火做饭。吕洞宾却不知为何，昏昏欲睡，就倒在床榻上酣然入眠。这一觉睡得啊，真正是美梦联翩。

◎ 吕祖殿内黄粱梦壁画

吕洞宾梦见自己回到了少年时代，因为从小聪颖好学，备受父母宠溺和亲朋喜爱。十七八岁在乡试中中了举人，乡邻更是刮目相看。接着便进京赶考，轻轻松松地状元及第，皇帝关爱有加，赐个节署的官儿。一时间，京城百官，凡是家有女儿的，无不登门求亲，媒人把门槛儿都能踏破喽。千挑百选，最后娶了丞相的女儿，花容月貌，说不尽恩爱绵长。他也勤奋争气，在任上干得有声有色，很快又被擢升为翰苑，进而入秘阁，一直做到指挥使。不幸丞相小姐体质柔弱，生下一双儿女后便去世了。伤心之余，却有更多官宦人家上门提亲，便又娶了京城首富的女儿，仍然伉俪和谐，生儿育女。儿女们长大，个个才貌出众，又与贵族豪门结亲，势力倍增。他也受皇帝器重，最终做了丞相，"一人之下，万人之上"，一做就是十年。官场风光，无不备历，权势显赫，荣耀无比。

古训说，树大招风。可不是嘛，老皇帝驾崩，小皇帝即位，不先除了树大根深的老丞相，自己怎么能坐得稳皇位？于是小皇帝找个借口，治了吕洞宾重罪，没收了全部家产，把他全家流放到岭南地区。真是树倒猢狲散！仆役佣人们各自偷了财物逃跑不说，那往日里趋炎附势、曲意逢迎的亲朋同僚们更是避之唯恐不及。吕洞宾独自走在服罪的路上，天公也不作美，风雷阵阵，饥寒交迫。此时此景，他何曾预想过啊！不由得长叹一声，涕泪交流。

正在失意伤悲之时，忽然觉得一阵饭香飘入鼻中，吕洞宾迷迷糊糊地醒了过来，原来只是做了一场梦，倒笑自己虚惊一场！他抬眼一看，汉钟离还蹲在火炉边，饭锅正咕嘟咕嘟冒着热气，黄粱饭还没熟呢。这时，只听汉钟离笑了一声，好像自言自语地说了一句：

　　黄粱犹未熟，一梦到华胥。

"华胥"是古代传说中的国名，《列子·黄帝》称黄帝昼寝，梦游于华胥氏之国，所以后人用来代称梦境。

吕洞宾听了，非常惊讶，问道："难道先生知道我的梦境？"汉钟离微微一笑，说："人生如梦！你那梦境，不过是凡人常常经历的人生，无外乎荣辱盛衰、悲欢离合。得到的不值得高兴，失去的也不值得伤心。梦自然短暂，转瞬即逝，五十年又何尝长久，也不过白驹过隙。你已年近半百，还不早作打算？"吕洞宾听了，才真的如梦初醒了，翻身跪在汉钟离面前，说道："洞宾愚钝，幸遇高人指点，迷途知返。请为弟子，求教度世之术！"

汉钟离扶起吕洞宾，说道："你虽已打破执迷，但骨肉未完，还不能修得无上妙道。"说完，飘然而去。

从容十试道心坚

吕洞宾被汉钟离点化,决定弃儒入道,拜汉钟离为师。但汉钟离觉得他还不具备修道的条件,所以设下了十道"场景试题"要考验一下他是否真的下定了决心。

第一场景:有一天,吕洞宾远游后回到家里,发现家里所有人都病死了。这事儿摊到你我身上,谁不是痛苦得撕心裂肺?可是吕洞宾想到"生死有命"这句话,也就不悔恨自己没照顾好家人,也不空自伤心,随即置办寿衣、棺木,准备料理后事。可是这时,家人又都一个个苏醒过来。他也不惊不惧。这一试,试的是吕洞宾能否参透生死,能不能割得断俗情。

第二场景:吕洞宾上街卖东西,买主讨价还价后,说好了价钱,但又突然反悔,只想付一半价钱,洞宾也不生气,也不争辩,让买主大摇大摆地把货物拿走,自己照旧做买卖。想想现在许多人,若遇到这样的事儿,还不争个面红耳赤,有的甚至会闹出人命!这一试,试的是吕洞宾能否参透得失,能不能撇得开俗利。

第三场景:正值大年初一,吕洞宾想出门拜访亲友。不巧一个乞丐正靠在他家门边要讨口吃的。吕洞宾连忙取些馒头送给他。乞丐却不满足,说道:"大过年的,给块儿肉吃吧。"吕洞宾就拿一块肉给他。乞丐又要酒来下菜,吕洞宾又给他一壶酒。乞丐拿了酒肉并不离开,也不道谢,竟然还口出秽言,边吃边骂。吕洞宾却只是满脸堆笑,毫不责怪。若是你我,这场考试能否过关?这一试,试的是吕洞宾能否参透荣辱,能不能丢得下面子。

第四场景:吕洞宾在山中牧羊,忽然冲出一只饥饿的猛虎,直扑向羊群。遇到这场面,哪个人不是惊慌失措?可是吕洞宾没有丝毫犹豫,挺身挡在了羊群前面,老虎没想到竟然有人不怕它,只好悻悻地离开了。这一试,试的是吕洞宾能否参透真假,能不能舍去皮囊见真性。

第五场景:吕洞宾住在山中茅舍读书,一天傍晚,忽然来了一位女子,花容月貌,光艳照人。这女子说自己在山中不知

◎ 八仙殿山墙内暗八仙砖雕

怎么就迷了路,想借宿一晚。吕洞宾就让她住了下来。可这女子却不安分,百般挑逗他,甚至要和他同床共寝。面对送上门的美色,现在会有多少男人轻易地放弃道德底线?可是吕洞宾却不为所动,从容过了这一科考试。这一试,试的是吕洞宾能否参透幻象,能不能经得起美色诱惑。

第六场景:一天吕洞宾外出归来,发现家中财物被洗劫一空。按理说该火冒三丈立即报官吧?他却没有,而是踏踏实实地到地里亲自种粮种菜,供自己日常所需。有一天锄地,吕洞宾挖出十几锭黄金,意外横财,哪个见了不起贪念?吕洞宾却像没看见一样,一锄头下去,刨了些土把黄金又掩埋起来,分毫不取。这一试,试的是吕洞宾能否参透意外的得失,能不能去除贪嗔之心。

第七场景:有一次,吕洞宾遇到一位卖铜器的小商贩,见他的铜器精美绝伦,便买了几件回家摆设。回到家后,仔细赏玩,爱不释手。越看越觉得材质不大像铜,倒有点像金器。找人一鉴定,还真是金的!这下可占大便宜啦!但是吕洞宾却不这么想,他倒替那个小商贩着急起来。想想人

家小本买卖，走街串巷，有多辛苦啊！也不知怎么一疏忽，把金器当铜器卖了，亏了多大的本呐！吕洞宾急忙四处打听，终于找到那个小商贩，把金器还了回去。小商贩自然千恩万谢，有人却笑吕洞宾真傻。傻不傻，老天爷知道啊！这一试，试的是吕洞宾如何对待不义之财，他又得了满分。

第八场景：有个疯道士在街上卖药，他的吆喝与众不同，说什么他的药吃了肉身立刻就死，脱去了这个假皮囊，下辈子就可以转世成仙了。人人都笑这道士疯了，世上哪有这样的药，吃了就去见了阎王，还谈什么得道成仙？世上有谁见过神仙？吕洞宾却心有所动，觉得此话有玄机，便毫不犹豫买了一剂，吃下去却安然无恙。这一试，已经更进了一步，试的是吕洞宾能否破除执迷，坚信仙道。

第九场景：有一次，吕洞宾乘船外出，正遇上河水泛滥。船刚到河中央，忽然刮起了狂风，河水汹涌翻腾，船身剧烈地摇晃起来，一船人惊慌失措、鬼哭狼嚎，乱成一片。而吕洞宾已经经过种种考验，此时似乎更加淡定，只见他神态自若，端然不动，如同一座神像。这一试，又试出吕洞宾生死度外的定力。

第十场景：有一天，吕洞宾独自在家，忽然房间里不知从哪儿冒出无数奇形怪状的妖魔鬼怪，有的想杀他，有的扑打他，有的吓唬他，吕洞宾岿然不动，毫无惧色。又来了一群夜叉，押着一个血淋淋的死囚，前来找吕洞宾索命，说："你前世杀了我，现在还我命来！"吕洞宾说道："杀人偿命，欠债还钱。理该如此，你就杀了我吧！"坦然地任其扑咬打骂。这是最后一场考试，还真有点惊险噢！这一试，试出了吕洞宾胸怀坦荡，无欲则刚。

就在这时，忽然听见空中大喝一声，鬼怪顿时销声匿迹。汉钟离飘然而至，拊掌大笑。十科场景考试，吕洞宾皆以平常心对待，向汉钟离交了满意的答卷。从此，师徒相随，以灵宝秘法、上真秘法相传承，共同开创了钟吕金丹派。

长安酒肆叹人心

吕洞宾顺利通过了汉钟离的考验,汉钟离自然满心欢喜,告诉吕洞宾:"你能够经得住这十番考验,足以说明你求道之心坚定不移,日后必能证道飞升。你先前求我教你度世之术,我这就教给你点石成金的方法,有了这种本事,你就可以扶危济困,帮助世人了。等到三千功满,八百行圆,我自来度你成仙。"吕洞宾却没有像汉钟离想象中那样兴奋,他只问道:"我用法术变成的金子,能用多长时间?"汉钟离回答:"三千年后会恢复本来面目。"吕洞宾担忧地说:"那三千年后得到金子的人岂不受害?我不愿意欺骗三千年后的那个人。我不学这个。"汉钟离听后,极为赞叹,高兴地说:"你竟有这样的觉悟,还说什么三千八百!"直接拉着吕洞宾进终南山上鹤岭学道去了。

在鹤岭,吕洞宾专心学习,刻苦修炼,掌握所有秘密高深的道理。汉钟离也因功行完满,有一天,两位仙童手捧金简宝符,传达玉帝诏命,委派其为"九天金阙选仙使",

◎ 长安酒肆碑

这个职位如同凡间科举的主考官,只是主考的是仙界,真是荣耀至极。汉钟离拜受诏命后,对吕洞宾说:"我这就升作天仙了。天仙并非遥不可及,你只要在世间好好修行,等到功德圆满,也会和我一样。"

吕洞宾却并不十分羡慕师父,慨然说道:"我的志向与老师有些不同。我想在世间度尽众生,才愿意上升天界。"汉钟离知道他的根器非凡,也就笑而不答,随仙童上天去了。自此吕洞宾依旧混迹于尘世,努力践行他的誓愿。他度人不倦,常常游戏人间,当然也少不了到长安酒肆逛一逛。

有一天,吕洞宾到长安酒肆一家酒店来喝酒。因为他常来,店主对熟客自然分外热情。吕洞宾想:我常来这里喝酒,店主看上去勤劳忠厚,不如报答一下他,也让世人知道天道酬勤,神佑好人。于是故意嚷嚷:"我今天高兴,要多喝几杯,把你家的好酒尽管上来!"店家上了酒,吕洞宾连着喝了两坛,醺然醉倒。店家小心地扶他到后院去休息,他却坐在井台上不肯再走,还不停地要酒喝。店家说:"你都醉成这样了,就不要再喝了。再说我也是小本买卖,一天酿不了几坛酒。现在只剩两坛,别的客人还要呢!"正说着,只见吕洞宾打了一个酒嗝,把刚才喝的一肚子酒全吐到井里去了,然后跌跌撞撞地走了。店家好生抱怨,心想:这下不好了,井水也被弄脏了。可是井中却飘出阵阵酒香,舀起一尝,竟比他家酒的味道还好。这才恍然大悟,知道是神仙帮助了自己。从此以后,店家用不着再酿酒,天天把井水打出来卖。仙酒当然不比寻常,味道醇美,吸引了众多顾客。不久,这个店家就丰衣足食,不愁用度了。

神仙做了好事,也会回访一下,以观效果吧。这一天,吕洞宾又来到酒家,想看看店主是否满足。店主说:"以前吧,酿酒有酒糟用来喂猪。现在井水当酒卖,好是好,就是没有酒糟喂猪了,还得另外准备饲料。"吕洞宾一听,长叹一声,说:"唉,都说人心不足蛇吞象,果真是执迷不悟啊!"便走到后院井台上吸了一口气,井水又变回了原样。

这个故事还有另外一个版本。吕洞宾一直想找个知足不贪的人度化他,就装扮成一个卖油翁。他想:如果有人来买油,不与我讨价还价、争多竞少,我就让他过上富足的日子。就这样,吕洞宾卖了几年油,没有遇到一个令他满意的人。忽然有一天，来了一位老太太，干干脆脆地买了油付了钱就要离开。吕洞宾便问："凡是来我这儿买油的，都会要我多添点儿，或者少付我点钱，你怎么不这样呢？"老太太说："你做小买卖也不容易，我不忍心让你吃亏啊！"吕洞宾心中一喜：终于遇到一个可度之人。后来，一来二去，吕洞宾对老太太更了解了，就在她家井中投下几粒仙米，告诉她卖井水就可保衣食无忧。老太太一看，原来井水变成了美酒。于是就天天卖酒为生，酒是仙酒，自然卖得快，赚得多。

一天，吕洞宾又来到老太太的家里，碰巧她外出了，只有她儿子在家。吕洞宾就问她儿子："这几年酒卖得如何？"她儿子说："好是好，赚了不少钱。可是没有酒糟喂不了猪啦。"听完他的话，吕洞宾哀叹道："人心真是贪得无厌，无可救药！"于是收回仙米，将井水还原，就离开了。老太太的儿子一时贪念，倒失去了已经拥有的财富，还连累母亲失了仙缘，真是追悔莫及。

八仙宫张贴栏里则记录了第三种版本。说的是吕洞宾"黄粱梦觉"的那个酒家，店主颇有慧根，吕洞宾有心度他，就变成一个乞丐，连续三年在此讨吃讨喝。店主心地善良，不厌其烦地满足他。吕洞宾觉得考验得差不多了，有一天告诉店主："我就要离开此地了，想在你店中请几位穷朋友，告个别，不知你舍不舍得布施一桌酒菜。"店主并无难色，说："三年都舍得，一顿有什么舍不得。"吕洞宾招来七位乞丐，美美地饕餮了一番。店主虽然有点后悔，但话已出口，也就不再计较。吕洞宾临走时将最后一杯酒倒入酒家的井中，井水变成美酒，酒家因而致富。但是后来的结局，和前两个版本是一样的，酒家叹息的是没有酒糟喂猪，神仙叹息的是："天高不算高，人心比天高；清水当酒卖，还嫌没酒糟！"

唉，是呀，人间有几个容易觉悟的？就是吕祖本人，不也是46岁才醒悟的嘛。但是吕祖并不灰心，仍然一如既往地去践行自己的誓言，演绎了丰富多彩的传说，教育了形形色色的世人，当然也度脱了不少有缘之人。假如有一天他来到你面前，可不要错过哦！

显化人间王仙宫

吕洞宾在长安酒肆"井水变美酒",试出了人心不古,慨然长叹。但是既已发下宏愿,倒也无怨无悔。他常年隐居终南山,时时在关中等地活动,当然也常常云游别处,其度化传道的故事流传广远。他不仅度化有缘之人,点醒迷误之人,救助穷困之人,而且还常常会教训一下伪善之人。

吕洞宾曾在邯郸点化过一位姓卢的书生,用的方法和他师父汉钟离度他时的方法差不多,都是令人做梦而醒悟。他在邯郸一家旅店住宿,有一位叫卢英的书生也住在这里,虽然穿着朴素,但气质不俗。两人一见如故,谈笑风生。言谈间,卢英忽然慨叹:"大丈夫生不逢时,像我这样困顿不堪,真是可悲呀!"吕洞宾说:"我看你身体健康,无病无灾,而且正说得高兴,怎么忽然如此叹息?"卢英说:"我这辈子不过是得过且过了,哪有什么高兴不高兴?"吕洞宾问:"这样还不好,怎样才算好啊?"卢英回答:"男子汉应该建功立业,出将入相,列鼎而食,光宗耀祖,志得意满,才值得高兴!我曾经立志奋发,也算

◎ 吕祖殿内吕祖像

得上学识丰富，以为自己能够实现愿望，可是现在已过不惑之年，仍然在田间忙碌，还不是困顿不得志吗？"说完，卢英只觉得昏昏欲睡，吕洞宾从行囊里拿出一个枕头递给卢英，说："你枕我的枕头睡吧，它能让你实现你的富贵梦呢！"这个枕头是青瓷质地，两端有孔。卢英就枕着它睡下了。之后他就开始做梦，梦的内容与吕洞宾做过的差不多。卢英醒来后，发现自己仍在旅店，高兴地说："原来是一场梦！"吕洞宾说："人生得意，不过如此而已！"卢英沉思良久，终有所悟，对吕洞宾说："这场梦让我完全明白了宠辱之道、穷通之运、得丧之理、死生之情，这是先生在指教我呀！实在是受益终生！"卢英拜谢多次才离开，自此无欲无求，安居乐业。

吕洞宾有一次在武昌假装成一位卖墨的商人，他的一锭墨只有一寸来长，却开价三千文钱，大概是要考验一下人们的价值观吧。这样的高价自然是卖不出去，人们不仅不买，还对他连讽刺带挖苦的，笑他是不是想钱想疯了。有一个姓王的人却想："这么小一锭墨，却要那么高的价，该不是故意试探什么吧？"他就拿了三千文钱买了一锭，还请商人饮酒，大醉而归。睡到半夜，王某被一阵敲门声惊醒，原来是卖墨的商人。商人把他的三千文钱放在桌上，也不说话就走了。王某第二天早上发现，他买的那锭墨竟然是一块紫磨金，上面还刻着一个"吕"字。他到处找吕洞宾，也不见踪影，明白是神仙显化。其他人听说此事，后悔莫及。吕洞宾大概就是想让世人相信神仙实有吧。可是世人肉眼凡胎，被区区小利迷惑心智，能有几个像王某那样的人呢？

吕洞宾救助穷困的事迹也不少。湖北鄂城有一位贫穷的妇女，患有风瘫，每天趴在桥上乞讨。一天一位道士看见她，问她生活情况。她回答说："我丈夫已经去世了，我也没什么活头了。但是还有一位八十岁的婆婆，只好每天讨点东西养活婆婆。"道士听了，就把自己手上的拂尘递过去一头，说："拉着我的拂尘，站起来试试。"贫妇牵着拂尘，竟然真的站起来了，而且随着道士的牵引还走了起来，根本不像患过风瘫的病人。贫妇自然是千恩万谢，说要登门致谢。道士说："我住在某家楼上。"贫妇回家，婆婆也惊喜异常，说一定要去谢谢恩人。第二天，她们俩来到那户人家，可是

人家说并没有什么道士住在楼上。主人请她们上楼探看，只见到供着一幅吕洞宾的画像。大家才明白，原来是神仙发善心，救护贫困的人。

吕洞宾教训伪善之人的故事也很有趣。有位富商，十分仰慕吕洞宾，朝夕焚香礼拜祷告，很是虔诚。吕洞宾知道了，很高兴，决定去试探并且报答他一下。一天吕洞宾变成一个穷道士，拿着一件旧袍子到富商当铺中去当钱。富商拿起袍子仔细检查，发现袍子的袖子中藏着一支金钗。他以为道士粗心忘记了，心中窃喜，就没有声张，收了袍子，随便给了吕洞宾几个钱。道士走后，富商拿出金钗来，却发现还有一张纸，上面写着："今日忆，明日忆，忆得我来不相识，钗子留得作香钱，从今与你不交易。"富商读了，悔不该一念之差，与神仙当面错过。可是，还有什么用呢？神仙再也不和他"交易"了。想想世人，和富商一样心思的是不是还不少呢？

吕洞宾显化人间的故事层出不穷，在民间堪为一位实力派兼偶像派的神仙，广受香火。

《聊斋志异》的作者蒲松龄曾说过："故佛道中唯观自在，仙道中唯纯阳子，神道中唯伏魔帝，此三圣愿力宏大，欲普度三千世界，拔尽一切苦恼，以是故祥云宝马，常杂处人间，与人最近。"的确如此，观音、吕祖、关老爷在民间的香火最普遍、最旺盛。

那么，在道教文化底蕴深厚、吕祖成道并经常显化的关中地区，有人倡导修建吕祖祠就是很自然的事情了。传说后来，吕祖托梦给信徒说："此地虽为我成道之处，但我八人常在一起除恶扬善。而我在此独享香火，于心不安，不如改我之祠为八仙庵，使我等共享香火。"于是道俗协力，改建八仙庵，即今天八仙宫的前身。

钟吕八仙故事多

八仙宫供奉的主神是八仙,即汉钟离、吕洞宾、铁拐李、张果老、蓝采和、韩湘子、何仙姑、曹国舅。八仙故事在陕西、山西等地广泛流传,形成一种宗教、民俗、文化交织融会的信仰氛围。翻开这些久远流传的仙话故事,可以了解八仙宫所处地域的信仰文化背景。

元神出窍换异相

铁拐李,世人也称李铁拐,本名李玄。关于他的身世,历来众说纷纭。《历代神仙通鉴》中说到,长淮有一位伛神氏,擅长修炼。出门驾着六只长翅膀的羊,速度如闪电。巡行天下,教化民众,后来隐居。相传这个"渠神氏"就是铁拐李的前身。《续文献通考》里记载,铁拐李是隋人,名洪水,小字拐儿。经常在街上行乞,被人轻贱。有一天他把铁拐掷向空中化成龙,乘龙飞走了。世人都知道铁拐李的身世离奇有趣,觉得他的形象古

◎ 八仙殿

怪、性格鲜明，但谁知道他也曾是一位英俊少年郎。他是怎样变成现在这个样子的？个中缘由，听我慢慢道来：

　　李玄本来在砀山修行，忽然想到自己这样闭门造车，毕竟不会有太大的长进；又记起道教祖师李耳与自己同姓，于是前往华山拜师学艺。与老子同住华山的宛丘先生点化李玄说："你已经名列仙籍，有了如此修为，离成正果也不远啦，何必多求？"李玄又回到岩穴深林，潜心修炼，不久练成了元神出窍的功夫。一天，他登高山绝顶，见一只苍鹰盘旋空中，心有所动，随口占诗一首："知止

◎ 八仙殿铁拐李像

不求才，金睛半倦开。振衣千仞冈，何必恋尘埃？"恰巧老君与宛丘跨鹤而来，就约他十日后一起神游西域诸国。

　　十天后，李玄嘱咐徒弟杨子说："为师应师祖之约，一起纵游山川，魂魄离去，肉身留在这儿，你要悉心看护。七天之后，如果我的元神未归，肉身就会腐化，你就将它烧了。千万记得，七天为期！"杨子听从师父的嘱咐，一点儿不敢含糊，时刻守着师父的肉身，加以防护。谁料到，到了第六天，杨子家里亲戚跑来告知他母亲病危，专待一见。杨子记着师父临行前的嘱托，不敢离去，就又勉强守了一夜。第七天清晨，杨子实在心急如焚，只好对着肉身焚香默念："师父！今日七天的期限已到，弟子不能再久等了。尽孝是为人子者的本分，师父一定能够原谅弟子吧？"祷告完毕，就

将肉身焚化了。

李玄随老君遍游三十六洞天，获益匪浅。但牵挂着肉身在深山，不可不早归，就向师父告辞。老君心知肚明，笑而不答，只念一偈给他："辟谷不辟麦，车轻路亦熟。欲得旧形骸，正逢新面目。"李玄不明所以，并未立即领悟其中奥秘。等他驾云回到砀山，四处寻找，不见自己的肉身，连徒弟也没个影儿。只看到弟子为自己立的坟碑，才知道为时已晚。李玄不知如何是好，神魂无处凭依，情急之时，想起借尸还魂之法。找寻多时，忽见路边有一饿莩，也顾不得多看，急忙进入饿莩的天灵盖，得附其身。不料站起身来却打了一个趔趄，原来这尸身竟然还是个跛子，李玄后悔莫及，懊恼不已。

忽然听见背后有人拍手而笑："草脊茅檐，窗毁柱折，此室陋甚，何堪寄寓！"李玄回头一看，原来是师父老子。李玄这才发现，这具身体不仅跛足，而且奇丑无比，头发乱蓬蓬，眼睛大而突。这个样子哪像神仙？他急忙想把元神跳出来，老君制止道："得真道者，何必执着于外貌？只要你功德圆满，便是异相真仙。"李玄突然想起老子偈语，恍然大悟，原来此番遭遇早有定数！老子给他一只金箍束住乱发，一根铁杖拄着瘸腿，又给了他一个装着神药的葫芦。从此李玄就能够随意变化，手中的拐杖喷口水便可变成铁杖。

但是，李玄功德未满，还不能位列仙班，可是世上却多了一位救苦救难的"跛仙人"，人们都称他为"铁拐李"。后来铁拐李打听到徒弟杨子的母亲已经去世，反思道："他没能够善始善终地守护我的肉身，是因为迫于当时母亲病危的情势。而他不能为母亲送终，倒是被我连累的。我要是不为他起死回生，会让他抱恨终生的！"这时候原来的一腔抱怨顿时释然，于是他来到杨家，从葫芦里取出一丸灵丹，救活了杨母，言明身份，化清风而去。

据说，李玄修道之前已有妻室，之后游历各地寻仙访道，他的妻子含辛茹苦把儿子养大成人。他儿子大婚那天，他也下凡探看，见到宾朋满座，鼓乐喧天，一派热闹景象。铁拐李感叹良久，有位客人看到了他，但转眼

他就消失了。他的妻子听说,非常惊讶,急忙出门找寻,直追到村外,才看见背影,就一直紧追不舍。铁拐李为了阻止她,挥起拐杖向地面劈下去,一声霹雳,两人间出现一条大峡谷。他的妻子被阻隔,悲伤地大哭起来,却看见铁拐李抛拐为龙,乘龙而去。这一下,铁拐李真正地割断了尘缘,所以飞升成仙去了。

狗皮膏药传善人

说起狗皮膏药，大家都不陌生，歇后语"阎王殿里卖狗皮膏药——骗鬼"就与此有关，这还要从一个有关铁拐李治病的故事说起。

从前，彰德府（今河南安阳）有一个做膏药的王掌柜，乐善好施，不管贫富贵贱，只要生病有求于他，都乐意救治。若是病人贫困无钱支付药费，他就分文不收。铁拐李得知后，有心帮助好人，于是变作一个乞丐前去考验。一天，王掌柜带了一些自制的膏药去赶庙会，或卖或送，等庙会结束，膏药所剩无几，就转回家来。忽然见到一个瘸腿乞丐躺在路边，破衣烂衫不说，还浑身冒着臭气。王掌柜也不嫌弃，上前探问，发现乞丐气若游丝，不禁心生怜悯，就把他扶回家中。

王掌柜命家人准

◎ 八仙宫鼓楼局部

备晚饭，那乞丐饥寒交迫，此时见了食物，毫不客气地狼吞虎咽一番。王掌柜为乞丐准备热水洗了澡，换了衣服。酒足饭饱，满身清爽，王掌柜满以为这下乞丐应该很开心了，可是没想到，乞丐仍面带愁容。王掌柜关切地问道："你怎么还是愁眉不展，难道是有什么难言之隐？"乞丐难为情地看了王掌柜一眼，然后伸开瘸腿，撩开裤脚。原来乞丐腿上生了一个毒疮，痛痒难忍。王掌柜一看，心想，这有何难？便从药箱中取出一贴膏药给乞丐贴好了，安慰他说："不必担心，此疮明天准好。"乞丐也不作答，也不说谢，走了。

第二天，王掌柜出门为人治病，回家路上又碰上了这个乞丐，忙问："腿上的毒疮好了吗？"乞丐没好气地说："不好，疼得更厉害了。你的膏药到底是真的还是哄骗我的？"王掌柜不信，想我祖传秘方，救人无数，怎么到乞丐身上就不灵验了？他揭开膏药一看，果然毒疮更大了，心里也不免犯嘀咕。他想也许是乞丐这疮时间久了，积毒太深，不如再加点药量试试，就把此想法告诉乞丐。乞丐将信将疑，想了想还是答应了。

次日一大早，王掌柜一只脚刚迈出大门，就见那个瘸腿乞丐在门边躺着，没等王掌柜开口，那瘸子就破口大骂起来："你这个坑人的庸医！害死我了！你看我的腿，成什么样了！我要状告你这庸医！"王掌柜揭开膏药一看，可不得了，腿疮变得如同碗口大了。王掌柜心急如焚，倔强劲儿也上来了，他恳请乞丐再给他一次机会，那乞丐也就答应了。

王掌柜扶起乞丐向家里走去，刚进院子，一条大黄狗猛扑过来，咬住了乞丐的腿。王掌柜情急之下，夺过乞丐手中的木棍，重重地打在狗头上，只听黄狗嗷嗷几声，便倒地死了。乞丐笑道："你这畜生，平日吃鸡咬鸭，今日又要害我，不如将你吃了，免得再祸害人！"王掌柜此时已顾不上被打死的黄狗，径直跑到后院重新为乞丐配制膏药。王掌柜的老婆看见他这样忙乱，以为是哪家富贵之人得了疔疮，连忙过来一看，原来还是前两日见到的乞丐。乞丐这时还正忙着架火烤狗肉呢！王氏来到药房对王掌柜说道："你又把乞丐带回家来，咱们家也是小本经营，这样下去，还能过日子吗？"王掌柜劝慰道："世人都是平等的，哪有贫贱富贵之分，医者父母心，治病

救人，悬壶济世，是本分！你就别管了。"王氏无奈，只好由着他。

王掌柜把药熬好之后，便急忙来到院中准备给乞丐敷上。只见那乞丐正津津有味地吃着烤狗肉，墙上摊着几块剥下的狗皮。王掌柜也不好多说什么。乞丐吃完狗肉，还骂王掌柜卖的是假药，不肯敷药。还把药料抢过来倒在狗肉汤里翻搅，然后将熬成糊的药料，往墙上的狗皮上乱泼。之后，只见乞丐用手在狗皮上刮下一点刚才乱溅上去的膏药敷在他的瘸腿上，口中说道："你这黄狗，平日咬行人、鸡鸭无数，今日咬我不成，反成我腹中之物。念你无功于世人，这皮倒可借我一用，对人倒有点益处。"顺手拿起一块狗皮，捂到疮口之上。王掌柜担心乞丐被烫着，赶忙把狗皮揭开，却发现原来那个碗大的疮不见了。

正在王掌柜惊讶不已之时，乞丐说道："王掌柜，我这病疮已好，这贴膏药对我也没啥用处了，就送给你吧！"王掌柜以为乞丐本是个疯癫之人，可转眼之间，乞丐已不是原先模样。王掌柜及家人定睛细看，眼前这个人，袒腹跛足，眼大如环，头戴铁箍，手拄铁拐，身背葫芦，倒像在哪儿见过。铁拐李说道："我念你平日乐善好施，救人无数，有功于世，特来传授仙方。日后你更要广积阴德，功德无量，必有善报。"说完便驾云而去。王掌柜一家这才想起，这位神仙正是八仙之一的铁拐李，明白是神仙指点，感激万分。此后，王掌柜一家更加勤谨向善。

狗皮膏药的秘方就这样传到世间，铁拐李也从此被尊为狗皮膏药的祖师爷。一则天上人间的神话，让彰德府的狗皮膏药从此出了名。不过，因为铁拐李曾说过王掌柜卖的膏药"净是假货"，所以，至今留下话柄，让人们把那些专靠说假话骗人过日子的人称作"卖狗皮膏药的"，大有嘲讽之意。

兵败吐蕃遇东华

汉钟离,字云房,号正阳子,又号云房先生。汉钟离曾为汉朝中郎将。有一次边关来报,说吐蕃正率军三十多万,侵犯边疆,烧杀抢掠,来势汹汹。守将抵挡不住,向皇帝报告并请求派大军增援。天子召集群臣议事,决定由汉钟离带兵出征。但是朝中有人妒忌汉钟离位重权高,故意从中为难,最后只给汉钟离派出两万多军士,发兵边关。

汉钟离无奈,但并不惧怕。他善于用兵,所以虽然兵少将寡,却也节节推进,打了不少胜仗。有一天,汉钟离正与吐蕃交战。东华真人路过,他知道汉钟离夙有仙缘,担心他战胜回朝,免不了加官晋爵,更加迷失本性,回不了仙界。所以当即作起法来,正在两军交锋关键之时,忽然雷电大作,风雨交加,人不相见。慌乱之中,大军混乱溃败。汉钟离一个人骑马逃了出来,直到一个山谷中才定下神来。汉钟离本打算以少胜多,赢得更丰厚的爵禄,光宗耀祖,青史

◎ 八仙殿汉钟离像

留名。没想到这次败得一塌糊涂,有何颜面回去见皇上、见家人?

汉钟离一边胡思乱想,一边漫无目的地游荡。整整一天,人困马乏,也找不到出路。正在犹疑不定,迎面走来一位胡僧,只见他碧眼丰颜,蓬头露顶,身上披着蓑衣,挂着竹拐杖,大步流星。汉钟离觉得这个人气度不凡,不由得有亲近之意,正好也可以问问路。于是下马向胡僧说:"我是大汉将军,因征讨吐蕃失利,迷路至此,还望师父指路,找个休息之处。"胡僧只点头不说话,示意汉钟离跟他走。走了几里路后,来到一个村庄,汉钟离见这里青松翠柏,奇花异草,鸟语泉鸣,仿佛人间天上。这时胡僧才开口:"这是东华先生修炼的地方,将军可以在这里休息一会儿。"说完便告辞离开了。

汉钟离进入村庄后,不敢有动作,只静坐等候。忽然他听到有人说:"这碧眼胡僧又多嘴多舌,给我添麻烦!真是可恶!"汉钟离顺声音望去,看见一位老人,身上披着白鹿裘,手持青藤杖,边走边说。老人走近问道:"你就是大将军汉钟离吗?"汉钟离不敢隐瞒,唯唯答应。老人又说:"那你怎么不向那胡僧借宿?"汉钟离回答说:"晚辈不才,受命出征吐蕃,不料军败,单骑逃脱。还迷了路,正当饥渴绝望之时,见到那个胡僧,是他带我来这里的。"老人便带汉钟离回家,备下酒菜招待他。这时老人对汉钟离说:"功名富贵,总是浮云,老子说过'兵乃不祥之器'。你何曾见过江山有常主,富贵能长久?将军何必苦恋功名,劳心耗神?"汉钟离看老人似乎是世外之人,便兴致勃勃地向他请教养生之术,两人言谈甚欢。汉钟离也有所悟,就拜老人为师。东华真人见汉钟离终究不迷本性,便传授给他长真之诀,以及金丹火候、青龙剑法等,嘱咐他勤加修炼。后人有诗记载此事:"成败由来莫问天,将军不作作神仙。藤萝猿鹤秋风夜,沙场梦回独黯然。"

第二天,东华真人给汉钟离指了出路,让他回家。汉钟离依依不舍,但不得不尊奉师命,只好告辞。他刚走出村庄,回头一望,身后哪还有什么村庄。他心中明白,这是神仙指点。又一想,如今大军惨败,而我一人独活,回去免不了被小人谗言、朝廷治罪,还连累家人。所以决定不再回家，从此云游四方，济世度人。

后来汉钟离又遇到华阳真人，羡慕他丰神特异，言论奇妙，便向他请教。华阳真人也传授他长生法诀。汉钟离云游到崆峒，在紫金四诰峰上修炼了一段时间。一天，忽然听见响声如雷，山上一面石壁像门一样打开了。汉钟离进去看见那里摆放着一个玉匣，他好奇地打开细看，原来里面藏着一部神仙秘诀。汉钟离取出秘籍，出了石门，石壁又复合如初。汉钟离按着秘籍修炼，功法更上一层楼，最终证道成仙。

他在世间慧眼识才，度人无数，最重要的就是度化了吕洞宾。之后，汉钟离因功行完满，有一天两位仙童手捧金简宝符，传达玉帝诏命，委派汉钟离为"九天金阙选仙使"，真是荣耀至极！

十问十答物外亲

传说中,汉钟离和吕洞宾本来就是神人转世,二人有着天定的师徒之缘。汉钟离即将出生时,有一天,一个大高个儿来到钟离家,自称是上古黄神氏,要在此托生,说完径直走进卧室。只见室内放出数丈异光,像着了火一样,全家正在惊慌失措之时,汉钟离出生了。他不哭不闹,也不吃喝,第七天忽然一跃而起,大声说道:"身游紫府,神游玉京!"后来他兵败吐蕃,遇东华真人点化悟道。他还遇到上仙王玄甫并被告知,遇到两个口的人就要度化他,说的就是要他收吕洞宾为徒。而吕洞宾出生时,就有马祖告诫说:"遇庐则居,见钟则叩",也是指点他应当拜汉钟离为师。后来二人相遇,果然志同道合,结为物外至亲。

汉钟离在长安酒肆以黄粱梦点醒了吕洞宾,又设置十次考验,吕洞宾的表现令他十分满意,所以带他到鹤岭修道。吕洞宾来到汉钟离修道之处,只见星月交辉,花草飘香,真是别有洞天。汉钟离先是给了吕洞宾几卷素书,嘱咐他仔细研读,自己并不着急讲授什么,仍四处云游,不时回来看看。反过来,吕洞宾读书久了,有了许多独立的思考,也来了个"十问"汉钟离。

吕洞宾向汉钟离请教了十个问题,包括天地、日月、四时五行、水火龙虎、铅汞、抽添、河车、内观坐忘之妙,如此修行有磨难否、有何验证等。用今天的语言说,大概就是包括了关于宇宙观、自然观、外丹锻炼、内丹修养、服气打坐方法等方面的问题。吕洞宾的问题问得很专业,汉钟离给予了认真详细地回答。

例如,吕洞宾问道:"这样修行有磨难吗?"汉钟离回答:"有十魔九难。"吕洞宾问:"什么是十魔?"汉钟离说:"人在修炼时,往往会遇到十

◎ 八仙殿汉钟离度吕洞宾壁画

个魔障,那就是:六贼魔、富贵魔、六情魔、恩爱魔、患难魔、圣贤魔、刀兵魔、女乐魔、女色魔、货利魔。"汉钟离所说的魔障其实就是人在选择清修的时候,还要面临着许多诱惑,比如身体感官的欲望、世俗名利的牵挂、爱欲情仇的羁绊、毁誉宠辱的搅扰等,都会成为修炼的障碍。

吕洞宾又问:"那什么又是九难呢?"汉钟离说:"第一难是衣食逼迫;第二难是恩爱牵缠;第三难是利名萦绊;第四难是灾患横生;第五难是盲师约束;第六难是议论差别;第七难是意志懈怠;第八难是岁月蹉跎;第九难是时世乱离。"这里所说的也是修炼过程中经常会遇到的困难。不过"十魔"强调的是主观障碍,"九难"强调的是客观阻力。但是正因为修炼是一个艰难的过程,所以仅有了成仙之志并不够,像吕洞宾这样经得住"十试"的,也只是个良好开端而已。

吕洞宾还问了修行有什么验证。汉钟离详细讲了身心在不同阶段的

三十四种体验，从刚开始的欲望灭绝到后来的身心舒畅，再到最终内外神现，就达到了出凡入圣、逍遥自然的境界。

这期间，可以说是他二人师承授受的重要阶段。汉钟离循循善诱，吕洞宾勤谨刻苦，不是几句话能说得完的。

吕洞宾修炼多时，有一天，汉钟离的两位仙友清溪郑思远与太华施真人来访，三人相揖而坐，共叙契阔。吕洞宾侍立在一旁，二位仙友问汉钟离："这是什么人？"汉钟离说："这是吕岩，少习儒墨，几举不第，仕途失意，与我邂逅于长安酒肆，从我学道。"二位仙人对吕洞宾说："看你形清神在、目秀精藏，你想脱离尘世之网罗，先作一首诗，让我们看看你的志趣。"吕洞宾出口成章："万劫千生到此生，此生身始觉飞轻。抛家别国云山外，炼魄全魂日月精。比见至人论九鼎，欲穷大药访三清。如今获遇真仙面，紫府仙扉得姓名。"三位神仙听了，个个惊讶不已，赞叹他才清句丽、道心仙品，都非常满意。

后来，汉钟离又把灵宝毕法授予吕洞宾，还仔细地讲授了成仙的进阶，说仙真有鬼仙、人仙、地仙、神仙、天仙之分。吕洞宾认为鬼仙不能做，天仙遥不可及，愿意修成人仙、地仙、神仙。汉钟离就授给他仙真秘诀。师徒俩终日如影随形，一问一答，论道谈玄，如此造就了一代真仙。

肯教踪迹掩红尘

八仙之中有一位倒坐着骑毛驴的"怪老头",这人便是张果老,人们都听说张果老倒骑毛驴,可他为何倒骑毛驴呢?这里还有一段风趣的传说。

有一天,张果老骑着毛驴出游,路过一座破庙,便停下来休息。微风吹过,一股饭香飘缈而至,正是午饭时分,张果老的肚子便咕咕作响起来,于是他循着香味找去。原来破庙的院子里架着一口锅,里面煮着一锅饭,可是四周并无他人。张果老顾不上寻找主人,也顾不上看清锅里煮的是什么,就折了两根柴枝夹着锅里黑糊糊的东西吃起来,风卷残云一般,一会儿就把东西吃完了。连锅里的汤也被他的小毛驴全喝光了。

这时,只听得远处传来惊慌的喊叫声,一个老头跑了过来。这下张果老慌了,想想自己吃了人家的东西,还一丁点都没留下,怕老头责怪,拉过毛驴跳上驴背就逃跑了。因为慌乱嘛,他都没搞清驴头驴尾的方向,所以是倒骑着驴逃跑的。而且,小毛驴没跑几步就腾空而起,飞驰而去。原来呀,这破庙里住着个成天想成仙的老道,而锅里炖的正是老道费尽千辛万苦才捉到的成了精的何首乌。却不料这一锅汤最终成全了张果老。

也有传说,认为张果老倒骑驴的原因是,张果老与鲁班打赌,测试赵州桥是否足够坚固,结果输了,于是兑现之前许下的诺言,一生倒骑毛驴。

传说终归是传说,张果老在正史中却是实有记载的人物,《旧唐书》、《明皇杂录》、《新唐书》中都有张果老传记。而明代吴元泰《八仙出处东游记》和凌濛初所撰《初刻拍案惊奇》里,就基本上是演绎故事了。

张果老,本名张果,号通玄先生,是唐代著名的炼丹家、养生家。生卒籍贯不详。武则天时期,他在中条山隐居,活动于山西一带。传说他有长生不老的仙术,并且深解《黄帝阴符经》奥义。武则天听说后,派遣使

◎ 八仙宫钟楼局部

者想征召他入朝。张果老跟随使者,走到一个叫妒女庙的地方,就假装倒地而死。当时正值盛夏,不久尸体便腐烂了,使臣只好如实向武则天回禀。武则天也不得不相信张果老已经死了,此事就如此了结了。可是后来,民间有传闻,有人看见张果老倒骑一头毛驴在中条山中出现。更神奇的是,他可以将毛驴像纸一样折叠起来,放在巾箱之中,需要乘坐的时候只用水喷一下,就变成了真驴。大家这才明白先前张果老是不愿入朝才假装死去,在众目睽睽之下逃脱了。

到了玄宗朝,恒州刺史韦济将张果之事上奏朝廷。唐玄宗即令通事舍人裴晤去迎接张果老入朝。裴晤见到张果老时,看他齿落发白,很有些不相信传闻。张果老故意捉弄他,又表演了一番气绝身死的情形,吓得裴晤赶紧焚香相求,说明玄宗求道之诚意。但张果老仍不肯进宫。裴晤不敢勉强,赶回朝廷上奏。唐玄宗闻奏后,认为裴晤办事不中用,又遣中书舍人徐峤怀抱玺书来迎接。张果老见皇帝诚心,也不想再为难使臣,于是来到东都洛阳。玄宗果然以礼相待,命人用肩舆抬着张果老进宫。

唐玄宗见张果老老态龙钟的样子,也有些嘀咕。就问他生辰,张果老说:"我生于尧帝丙子岁,官居侍中。"当时朝廷中有个叫邢和璞的人,能够推知人的夭寿。另有一个叫师夜光的人,可以看到鬼。皇帝先命刑和璞推知张果老的年岁，平日料算如神的邢和璞此时却心乱迷糊，无法测知。皇帝又让师夜光看看张果老是人是鬼，师夜光却问："张果在不在这里？"其实，张果老就站在师夜光对面。这两位有神异功能的大臣都不能卜算出实情，就更让大家觉得张果老神秘不可测了。玄宗感叹说："张果这个人，善算的人不能推究其年岁，善视鬼的人看不见他的形状，难道他真的是神仙啊！"

玄宗有个好道的玉真公主，并想将玉真公主下嫁张果老，还没有来得及说。张果老有一天突然对秘书少监王迥质、太常少卿萧华说："有谚语说'娶妇得公主，平地升公府，可畏也。'"二人都莫名其妙。不久，有使者来到张果老居处，传诏说："玉真公主早岁好道，想要下嫁先生。"张果老面带笑容，但坚辞不受。皇帝接着又下诏把他的画像挂于集贤院，张果老却一再地恳辞归还山林。玄宗无奈，擢升他为银青光禄大夫，号通玄先生，赐衣服及杂彩等，放归山林。张果老走至恒山蒲吾县，不久便病卒了，有的人说他尸解成仙，不知所之。玄宗后来为张果老在栖霞观立祠，加以供奉。

后来，人们常见张果老倒骑毛驴打着渔鼓简板，唱着"娶妇得公主，平地升公府，人以可喜，我以可畏"，云游四方，劝化世人。以后有更多的人学他的样子，边走边唱，形成道情这种说唱艺术，张果老也就理所应当地成了唱道情的祖师爷。骑驴看唱本——走着瞧！这句歇后语也因此得来。

《全唐诗》录有张果老的一首诗《题登真洞》："修成金骨炼归真，洞锁遗踪不计春。野草漫随青岭秀，闲花长对白云新。风摇翠条敲寒玉，水激丹砂走素鳞。自是神仙多变异，肯教踪迹掩红尘。"正反映了他不肯用于朝廷，洒脱自在的个性风格。

奇术三戏唐玄宗

公元735年,即唐开元二十三年,张果老因抵不住唐玄宗三次派遣使者邀请,只好进宫面圣。玄宗向张果老请教长生不老之术,他却总是缄口不语。玄宗心中虽有不悦,但也不敢怠慢,留他在宫中,好吃好喝地款待。但是作为皇帝,天天声色犬马很正常,所以渐渐地,玄宗修道之心稍有懈怠。张果老就想戏耍一下玄宗。

一次玄宗在宫内设宴,张果老酒过三巡就再也不肯喝了,并向玄宗奏道:"臣的酒量确实不大,喝多了必会失态。如果陛下开恩应允,臣有一个徒弟可以代饮。"玄宗问:"你徒弟在哪儿?"只见张果老口中念念有词,向天一招手,随着轰然一声,一个清俊的小道士从殿角上像鸟儿一样飞了下来。这个小道士看上去十六七岁,长得眉清目秀。玄宗非常喜欢,叫过来问话,小道士对答从容,言词清爽,举止得体。玄宗就赐坐给他,又赐他饮酒,想看看他到底有多大酒量。这个小道士也毫不畏惧,满斟满饮,不加推辞,很快就喝完了一斗酒。张果老阻止说:"陛下不可再继续赐酒了,饮酒过度必有所失,最终要惹得陛下笑话了。"玄宗不听,又继续赐给小道士美酒,高兴地看他尽情畅饮。可是奇怪了,小道士酒从口中喝下,又从帽子里流了出来。不及细看,帽子掉到地上,当啷一声,竟是个酒壶盖。玄宗及大臣妃子们见此情景,吃了一惊,接着就哄堂大笑。再看小道士,直愣愣站着,变成个金酒壶。玄宗命人查验,这个金酒壶的容量恰好是一斗,而且还是集贤院所藏之物。

玄宗心中暗暗惊异,想着明天再试探一下张果老的本事。这样的心思,张果老自然知晓,于是又心生一计,要戏耍玄宗一番。

第二天,玄宗想:听说饮用堇草汁而不觉苦涩的人,才是真正的奇士,不如就用堇草汁来试试。张果老连喝三杯堇草汁之后，显得醺醺然不能自持，倒在大殿上睡着了。玄宗让侍者取镜子照张果老的牙齿。一般人在喝过堇草汁之后牙齿都会变成灰黑色，而张果老的牙齿并无异样，众人觉得奇怪，唏嘘不已。张果老醒后，玄宗问道："先生是得道之人，怎么牙齿头发衰朽到这个样子？"张果老答道："我得道时，年纪已经大了，所以只好这副样子。如今陛下不喜欢，不如换了去吧！"于是张果老取出一把铁如意，把自己的牙齿一个个打了下来，顿时血流不止，他也不顾流血，只将牙齿收起来放在束带之中，并从

◎ 八仙殿张果老像

怀中取出微红的药粉，敷在了牙床上。接着又用手拔掉花白的鬓发和胡须。玄宗被吓了一跳，忙说："先生不要这样！朕出言莽撞，休要怪罪，赶紧歇息去吧。"没过多久，等张果老回到大殿之上，就已经是另一种模样了，你看他头发乌黑油亮，牙齿洁白如玉，就跟个小伙子一样。玄宗和大臣们这才心服口服。

但是，玄宗还是有个心病，总想知道张果老究竟有多大年岁。他请知人夭寿的邢和璞推算，邢根本就无从算起。玄宗又想问问叶法善，叶是一位有名的道士，年少之时就研习祖传的道术，对于养生和占卜十分精通。但是叶法善对玄宗说："臣倒是知道，但臣说完了以后就会立刻死去，因为这是泄露天机的事情，所以臣不敢说。"玄宗坚持让叶法善将知道的全都说出来，叶法善答道："陛下贵为天子，如果肯摘下皇冠，脱了靴子和袜子，

光着脚向张果老求情来救我，这样上天或许能免去我泄露天机的罪过，我就可以死而复生。"玄宗听了，欣然答应，心想这下总算能知道张果老的身世了。于是叶法善说出了一个惊人的秘密，原来张果老是混沌初开时的一只白色蝙蝠，累世修道，终成正果。叶法善话音将落，忽然大叫一声，七窍流血，倒地身亡。玄宗大惊，急忙亲自到张果老的住处，免冠跣足，自陈其罪，并恳求张果老网开一面饶叶法善一命。张果老说："这小子多嘴多舌，不治治他，他还会泄露很多天机，败坏更多事情，那时可如何是好？"玄宗不顾天子之尊，再三哀求。张果老只好来到叶法善身边，嘴里含了水，喷到叶法善脸上，叶法善立即复活了。

经过这三次戏弄，唐玄宗对张果老佩服得五体投地，敬重有加。但是留不住张果老的遁世之心，最后只好如其所请，放归山林。

寒冬牡丹开异色

韩湘子，唐代人，相传因跟随吕洞宾学道而成为八仙之一。据《新唐书·宰相世系表》记载，韩湘是唐代大文学家、刑部侍郎韩愈的侄孙，曾在公元823年，即唐长庆三年中进士，官至大理寺丞，没有求道修仙的经历。而韩愈另一位族侄倒有些道术。后人大概把二人混淆并合二为一了。

传说，韩湘少年时期从江淮来投奔韩愈，因在途中流连山水，几乎忘了此行的目的，竟有二十多年与家人不通音信。公元806—820年，即唐元和年间，他忽然回到长安，衣衫褴褛，举止与常人有些不同。韩愈想，这些年他一定在外面吃了不少苦，幸好现在年龄还不算大，就让他和自己的子侄们一起在学馆中读书。不料这个韩湘，学业荒废太久，无心念书，整天喝得醉醺醺的，还喜欢放声高歌，有时候还与人赌博，吆五喝六的。上课的时候却一言不发，一副小混混模样。他还经常戏耍同学，人们都传说他有神奇的道术。

韩愈了解了这些情况后，

◎ 八仙殿韩湘子像

十分担忧，对他严加责备。为了让他静心学习，干脆把他送到一个寺院里居住。可是，韩湘照样我行我素，以至于寺院中的和尚跑到韩愈那里告状，说韩湘太不像话了，实在令人难以容忍。韩愈只好将韩湘接回府中，生气地斥责他："我生来孤苦，没什么家业。所以小时候发下志愿，磨砺精进，这才做了官，可以出入殿堂。你一个堂堂七尺男儿，却没有读过一行书，用什么来安身立命？市井中地位低微的老百姓，还知道学习一点技艺养家糊口。你现在身无长物，又不肯读书上进，整天醉生梦死，到底想干什么？"

韩湘跪在叔父面前谢罪，并向和尚们赔了不是，说："您说我不学无术，其实不是这样的。只可惜侄儿学的技艺，叔父您并不知晓。"韩愈说："你难道有什么独特的技艺吗？说来听听。"韩湘说："我就作一首言志诗吧！"说罢不假思索便写成一首诗："青山云水窟，此地是吾家。后夜流琼液，凌晨散绛霞。琴弹碧玉调，炉养白朱砂。宝鼎存金虎，丹田养白鸦。一壶藏世界，三尺斩妖邪。解造逡巡酒，能开顷刻花。有人能学我，共同看仙葩。"韩愈看了，只觉得是一派虚妄之言，并不满意。

韩湘说："这些都是红尘之外的事，但并不虚妄。叔父想要验证，就随你选一句，试试看我能否做到。"韩愈说："你果真能夺造化之功，随你意让花开吗？"韩湘说："这有何难？"指着台阶下花圃中所种的牡丹说："叔父，您希望这些牡丹是什么颜色？青、紫、黄、赤，随您挑选，您喜欢什么颜色，我就能让牡丹开出什么颜色的花。"韩愈大惊，半信半疑地说出红、白、绿三种颜色。当时正值初冬，照常理牡丹根本不会开花，更何况开出指定颜色的花。

可是韩湘却自顾自忙开了。他竖起纸箔围住牡丹丛，挡住人们的视线。又在牡丹丛周围一圈的地上挖了一个深坑，直到露出牡丹根部。接下来，他把一些矿石粉末做成的颜料撒在根部。每天早晚两次在牡丹的根上做文章，七天之后，才填上土坑。他对叔父韩愈说："这就好了。不过可惜啊，还要等到一个月之后才能见到牡丹开花。如果不是在冬天，花儿还会开得早些。"这株牡丹原本是紫色的，一个月后果然开出了红、白、绿三色花，而且每朵花上都隐约浮现紫色的字迹。这些字连成了两句诗，"云横秦岭家何在,雪拥蓝关马不前"。韩愈虽然心中惊异,但还是不肯认可侄子的本事,摇了摇头说:"这只是一个幻术罢了。"

他追问韩湘从哪里学来这些旁门左道,韩湘告诉他随吕祖学道、得授仙术的经历。不料韩愈听了,仰天长叹,说:"真是妖人作祟!也许是我德薄无能的缘故,或是我韩家运道不好。好好的孩子,竟学了异端妖术。我可不想你流毒家中子侄。我不敢留你在家,你还是早早离去吧!"韩湘知道叔父机缘未到,不好强劝,只得说:"叔父不要性急,我师父早已算准我们叔侄会在今天分手。不过我与叔父缘分未尽,后会有期。"韩愈答道:"如果你心中还有我这个叔父,有你父母祖宗,我就再劝你一句,不要再执迷不悟,醉心于这些虚妄之事。我本来指望你用心读书,将来应试成名,光宗耀祖,也可作我臂助,成就一番事业。如今你也好好想想,做个选择。如果你还是不知悔改,就请自便吧!"说完,气呼呼地走了。

韩湘当夜留下一封长信,说明了自己的修道之志,并提醒叔父及早回头,免堕浩劫,言词非常恳切。然后悄悄地离开韩愈府,直奔嵩山去了。

雪拥蓝关马不前

韩愈（768—824），字退之，唐代文学家、哲学家、思想家，祖籍河北昌黎，世称韩昌黎。在思想上是中国"道统"观念的确立者，也是尊儒反佛的里程碑式人物。正是因为思想上尊儒反佛，唐宪宗时，他上疏反对迎佛骨，触怒了宪宗，被贬为潮州刺史。这便有了"雪拥蓝关马不前"的故事。

有一晚，唐宪宗做了一个噩梦，早朝时对大家说："朕夜来得一梦，梦见仓厫粮米散布田中，旁有一金甲神人，站在殿前，手持一张弓、两支箭，

◎ 西安市湘子庙

射中朕的金冠，不知主何吉凶？"学士林圭当即奏道："此梦大吉，应该是有番国进贡异人之兆。米在田中，是个番字；一人持弓、两支箭，是个佛字。番为外国之人，佛为异域之宝。我听说雷音寺世尊归天，留下指骨一节，在凤翔法门寺。相传三十年一开，开则岁丰人安。臣建议，请迎佛骨供奉，要使天下之人都知道敬重如来，广修善果，以保国运昌盛，皇图巩固。"宪宗听了马上动了心，特地派了三十人的队伍，到法门寺把佛骨隆重地迎接到长安。他先把佛骨放在皇宫里供奉，再送到寺里，让大家瞻仰。上有所好，下必效焉。王公大臣一看皇帝这样认真，不论信或是不信，都表现出一副虔诚的样子，千方百计争取瞻仰佛骨的机会。一时间，崇佛之风大兴，消耗了大量人力物力。

韩愈是向来不信佛的，更不要说瞻仰佛骨了。他对铺张浪费迎接佛骨的做法很不满意，就给唐宪宗上了一道奏章："身居大位，职掌风化，佛乃西方寂灭之教，骨乃西方朽秽之物，有何凭验知是佛指？清明世界，遭此欺愚，心实不忿！"这一下可是自讨苦吃，宪宗一气之下就要将他斩首示众。幸亏群臣下跪求情，说迎接佛骨之时不宜处斩大臣。宪宗就直接把韩愈贬谪到潮州，那时候的潮州可是个荒蛮之地。

韩愈即日启程。从长安到潮州，一路上艰难辛酸，可想而知。韩愈随身带的两名家丁不停地发牢骚。韩愈失落地哀叹道："我韩某一生忠直，笃信孔孟之道，为什么到此年岁却落到这等田地？"两个家丁大声埋怨："大人不好好在朝为官，非要口出狂言，激怒圣上，简直就是自讨苦吃，也是报应。只可怜我俩本想背靠大树好乘凉，在您府上谨慎小心，图个温饱，谁知道却落到这个地步。我俩寻思，不能因为您送了性命，还是各走各的路吧！"韩愈留不住二人，还被二人掠走了行囊，真是世态炎凉，一时都体验尽了。

正值寒冬季节，冰天雪地。韩愈饥寒交迫，筋疲力尽。他骑的马也经不住风刀霜剑，一蹶不振。韩愈此时，自觉已到末路穷途，心里反倒不怎么悲苦了。他想："与其死于刀，死于药，死于缢，死于溺，倒真不如死在这皑皑白雪中，有白雪掩埋，清清白白的，也算死得其所。"于是抱着必死

之心，趴伏在雪中，一动不动。就这样，直到夜幕降临，韩愈睁开眼一看，不由得诧异万分。原来他正睡在一间清洁雅致的房间里，而那匹马蜷伏在身旁，奄奄一息。韩愈以为自己在做梦，四下环顾，看见对面一张榻上，端端正正地坐着一个年轻道士。道士见他醒来，轻叹一声，上前深鞠一躬，含笑说道："叔父还记得侄儿韩湘吗？"韩愈认出了韩湘，心中一动，顿时老泪纵横，哽咽道："我的侄儿，你我莫非是梦里相逢？"韩湘将叔父扶到榻上，连吹三口气。韩愈顿觉浑身温暖，精神倍增，连日来的劳顿痛苦一下子消失殆尽。韩湘又向马儿吹了口气，马一跃而起，还向着主人点点头。韩湘叹息道："连动物都有情义，人却做不到啊！世人逐名逐利，到头来能寿终正寝，已是大好的结局。真是可悲可叹！"

　　韩愈此时已经看破红尘，终于醒悟，懂得了仙道的妙处。他想起当初训斥韩湘子，赶他出门的情形，惭愧万分，十分后悔。韩湘子宽慰了叔父一番，说此时醒悟为时不晚。韩愈问韩湘怎么会在这里相遇。韩湘子笑道："叔父不记得牡丹花瓣上的诗句了吗？这里就是秦岭蓝关。"韩愈恍然大悟，大声道："原来如此。命数是天定的，真的是这样啊！我当然还记得你的诗句。既然是前缘未断，我就续成一首诗吧！"于是大声朗诵道："一封朝奏九重天，夕贬潮阳路八千。本为圣明除弊政，敢将衰朽惜残年。云横秦岭家何在，雪拥蓝关马不前。知汝远来应有意，好收吾骨瘴江边。"

竹篮救人入仙门

传说蓝采和是唐开元天宝时人,生活的年代大约是公元713—741年。《仙佛奇踪》中这样描写他:蓝采和不知是哪里人士,他经常出现在市井当中,穿着破烂的衣服,围着六寸的腰带,一只脚穿靴,一只脚赤足。夏天时在长衫里还穿着厚厚的内衣,冬天却躺在雪地中睡觉,呼出的气如蒸汽一般,行为怪诞,已经有点神仙的特征了。但他得道成仙的过程却没有记载。

据说,蓝采和的爷爷医术不凡,蓝采和十八岁时就跟着爷爷行医救人了。他经常进山采药,饿了吃野果,渴了喝泉水,还常常能吃到灵芝和茯苓。这样,他渐渐就具备了成仙的资质,神仙自然就要来度化他。

这一天,蓝采和在进山路上,突然听到前方有人在呻吟求救,循声找去,看见一片荷塘,塘边躺着一位浓眉大眼、袒胸大肚的老人,看上去痛苦万分,脸上豆大的汗珠不断地滴下来。

蓝采和走近一看,见老

◎ 八仙宫后花园壁画局部

人腹部有一块碗口大的疮,已经溃烂不堪,流着脓血,难怪如此痛苦。蓝采和心地善良,自然不能袖手旁观,就想扶老人起来,下山寻医诊治。谁知那老人却大发雷霆,训斥道:"你这小子好不懂事,我这副样子,哪里还能在山路上行走,那不是要我的老命吗?你如果有心救我,就把我这疮口上的脓血吸吮干净吧。"蓝采和面露难色,犹豫不决,那老人又叫:"要救便救,何必惺惺作态!世人无情人多,热心人少,我一个孤老头子,死就死了,也不会有人怜惜!"

听了这话,蓝采和不由心头一动,决心尽力救治老人。他俯下身子,用手挤,用嘴吸,将疮口的脓血处理干净。幸好他平日上山,为了防备蛇虫之患,总是随身带些自制的膏药,这时倒派上了用场。蓝采和取出膏药贴在疮口之上,可那老人肚子上仍然血流不止,丝毫不见效用。蓝采和顿时不知所措,那老人更是怒气冲冲,骂道:"蠢材,你不打些水来为我洗净疮口,只贴这没用的膏药做什么?"

蓝采和听了立即起身向泉水奔去,可是到了水边,却发现自己随身只有一个竹篮。谁都知道"竹篮打水一场空",这可如何是好。但是也没有其他器皿,蓝采和顾不得多想,只好用竹篮盛了水,想着跑得快些,或许能存住一点儿水。但他来回跑了几趟,累得气喘吁吁,也没打回来几滴水。那老人也不理他,只自顾自地一边呻吟一边喝骂道:"你真是太笨了,一点都不动脑子!用那塘里的泥糊住篮子的网孔,不就行了?"蓝采和羞得满脸通红,按照老人的话做了,水倒是比先前打得多了,可是浑浊不堪,不能用来清洗伤口。那老人一看,又骂道:"痴货!还不快把它倒掉,换一篮子清水来!"蓝采和真是又气恼、又羞愧,心中暗自思量:"我今日真是倒了大霉,遇见这样难缠的人,如今进退不得,叫我怎么办啊?"

正在他一筹莫展的时候,忽听得身后有女子笑声,回头一看,见一村姑站在塘边,对他笑道:"小兄弟何必烦恼,这荷塘中多是荷叶,又宽又厚,你何不将荷叶垫在篮里,自然取得水来。"蓝采和闻言大喜,一面笑自己连这么简单的法子也想不出,一面赶紧取了几张荷叶,依着那村姑的指点,盛了一篮清水,回来为那老者清理疮口。那老人看他认真地为自己擦拭血污，面带笑意，却故作恼怒道："竹篮打水一场空，这么浅显的道理，你这蠢小子竟不知道？现在背我下山找郎中吧。"蓝采和虽被骂得无奈，也只得将他背在身上，向那村姑道谢后，便直奔山下去了。

谁知走了没几步，他就觉得身上一轻，那老人竟然不知去向了。蓝采和大惊，忙四下找寻，老人竟不见踪影。突然一缕香风扑鼻而来，蓝采和仰头一望，差点跌倒，只见那老人和村姑脚踩祥云，立在半空中。老人虬髯环眼，袒胸露腹，怀抱大扇；村姑美丽清秀，气度娴雅，手持一朵荷花。这不正是传说中的汉钟离与何仙姑二位神仙嘛！蓝采和倒地便拜，求二位仙人指点得道成仙之法。其实，二仙早知蓝采和有心求道，又天赋仙骨，故此特地变化了来试探他。这一试，果然试出了可造之才。只听汉钟离摸着胡子大笑道："蓝采和，竹篮打水一场空。你虽有成仙的资质，却不知道真正的途径，所以与竹篮打水无异。你现在明白了吗？"蓝采和自惭形秽，二仙点头微笑，就传给他修行法门。

此后，蓝采和周游天下，衣衫褴褛，以乞讨度日。他手持大拍板，有三尺多长。喜欢喝得酩酊大醉，醉了就唱歌，唱歌时似癫似狂。他的歌词随心而作，变幻莫测，充满神仙意趣。他还把乞讨得到的钱穿在绳子上拖着走，撒落在地上也不管不顾，任凭其他乞丐捡去。后来有人见他在濠梁酒楼上饮酒高歌一曲，忽闻天际仙乐飘飘，笙箫齐鸣，一只白鹤落在他身边。蓝采和知道自己尘缘已尽，就脱下靴子，抛去衣衫、腰带，驾鹤而去。

就这样，蓝采和成为举世传颂的八仙之一。但是，与其他七仙一样，他经常回到人间，惩恶扬善，普度世人。因为蓝采和手提花篮、浪荡街头的形象，后世提篮叫卖的小贩就将他奉为本行的祖师爷。

醉酒踏歌知我谁

像八仙中的大多数成员一样，蓝采和在历史上是确有其人的。据四川省博物馆收藏的距今已有400多年的两册《蓝氏家谱》记载：蓝采和为四川遂宁大英县卓桶井镇蓝氏家族村落——石马村人，在公元618年即唐高宗开德元年，中癸酉科进士，授谏议大夫。（这里，唐代的年号与干支均有误，犹待考证。）后来因为得罪了权臣杨国忠，被解印归田。他在家乡蓬莱五凤山魁山寺修行，后被汉钟离点化，在江边踏歌而行，羽化成仙，人称"大罗仙"。这则史料破解了蓝采和的身世之谜。但是历史故事显然不如民间传说轻松有趣。

除了"竹篮打水"的故事外，还有一种传说认为，蓝采和是唐代教坊中唱歌的伶人，他本名叫许坚，从小入行，取艺名为蓝采和。他聪颖过人，技艺精良，曾经名噪一时。汉钟离怜惜他良材美质，不该这样混迹红尘，庸庸碌碌，亲自下到凡间，有心度他得道升仙。不料蓝采和醉心于虚名，没有一点悟性。汉钟离只得离去。后来，蓝采和终因恃才狂放，作歌讥讽权贵，被责打一番后逐出教坊。自那之后，蓝采和便流落街头，乞食为生，终日借酒浇愁，醉后便手持拍板，在街头边走边唱。此时的蓝采和，心中自是另一种滋味，以前声名赫赫，受到无数"粉丝"的追捧，如今却人人避之唯恐不及，深感世态炎凉。心灰意冷之下，他渐生弃世修道、永脱苦海之念。但是凡夫俗子，不是那么容易就能找到神仙门路的。汉钟离看到时机成熟，又一次降临凡间来度化蓝采和。蓝采和这次终于幡然醒悟，拜了汉钟离为师，从此得道。

蓝采和得道成仙后，仍然保持着流浪汉的形象。他身穿破衣，一只脚穿着靴子，一只脚总是光着。每天醉酒狂歌，讨来的铜钱就用绳子随便一系，拖着便走，散落一地也不介意，有时把钱用来接济穷人，有时就自己买酒一醉。炎炎夏日，别人身穿单衣仍旧汗流浃背，他却裹着厚夹袄当街歌唱，不见一滴汗水。三九寒冬，大雪纷飞，行人稀少，他又薄衣单衫地醉卧街头，气息好像蒸汽一样热腾腾的。神仙常以怪诞的行为来点化世人，但是世人却往往把他们当成疯癫之人。蓝采和不正是这样吗？街坊邻居只以为他是个落魄的伶人，每天听着他唱歌也不以为意，竟然没有一个人听出不同的意味。

◎ 八仙殿蓝采和像

其实蓝采和这时候唱的与在教坊中唱的已经不是一回事了。他最爱唱的一首是："踏歌蓝采和，世界能几何？红颜三春树，流年一掷梭。古人浑浑去不返，今人纷纷来更多。朝骑鸾凤到碧落，暮见桑田生白波。长景明晖在空际，金银宫阙高嵯峨。"据说，蓝采和这个名字就来自这首歌。不知不觉中，小孩子听着他的歌声长大了，年轻人听着他的歌声衰老了，老人们听着他的歌声死去了。这时人们才惊觉，狂歌不已的乞丐仍然唇红齿白、童颜乌鬓。有一天，蓝采和在酒楼上高声歌唱，人们指指点点、猜测评说，他知道众人发现他已成仙，于是放声长笑，脱下靴衫腰带，连同拍板一起掷于楼下，而后足踏祥云，在云中传来的鹤鸣与笛箫声中冉冉升空而去。

明代吴元泰的《八仙出处东游记》给蓝采和设计了一个新的身世传说，书中说："蓝采和者，乃赤脚大仙之降生也。"这显然是作者根据传说中蓝

采和赤足的形象而杜撰的。蓝采和相貌俊秀，出身市井，而且性格诙谐，歌词滑稽，常能使人于欢笑间心有所悟，在民间是颇受欢迎的。同其他七仙一样，蓝采和也时常显化人间，惩恶扬善，救济黎民。他看上去玩世不恭，但歌中常有劝世之意："世事何悠悠，贪心未肯休；听尽天地名，何时得歇头？四时凋变易，八节急如流；为报大宅主，云地骑白牛。"又有一首道："我见世间人，生而还复死；昨朝犹二八，壮气胸襟士。如今七十过，困苦形憔悴；恰似春回花，朝开暮落矣。"这些都是告诉世人光阴无情，不要为眼前蝇头微利空费心机。

后来，在王母娘娘的寿宴上，蓝采和尽情地展示才艺，以拍板伴乐，且歌且戏，逗得大家开怀不已。从此，人间凡有喜事，也少不得把蓝采和的画像、雕像张挂陈设，以求增添喜气。

顶生六毫早得道

何仙姑是八仙之中唯一的女子，在汉族和部分少数民族中都有广泛的群众信仰。她不仅在西安八仙宫受到供奉，还在泰山王母池等处享有香火。自唐宋以来，有关她的仙迹记载不胜枚举，在八仙中仅次于吕洞宾。关于这位女仙得道成仙的经历，说法也很多。

《古今图书集成·神仙部》中记载，仙姑的父亲叫大郎，祖籍武平南岩，以卖饼为生。吕洞宾看见她有仙人资质，每次路过饼摊时，都故意讨要饼子来吃，仙姑从不拒绝。吕洞宾送了一个桃子感谢她，告诉她吃了可以成仙。仙姑吃了桃子以后，就到南岩辟谷修炼了。这则传说并没有言明仙姑的姓氏，但大家都认为说的就是何仙姑。而明代陈梿《罗浮志》及《历代神仙通鉴》等书中则说，何仙姑是唐武则天时期广州增城县何泰的女儿。另外还有她祖籍广西、福建、浙江、安徽、湖南等多种说法。

据说何仙姑出生的那天，

◎ 八仙殿何仙姑像

　　大家都看到一团鲜艳祥瑞的紫气笼罩在何家茅屋的上方，一群仙鹤在紫气中上下飞舞，不一会儿，一头矫健的梅花鹿驮着一个头扎小辫、肚系红兜的女童一路飞奔闯入何家。随后不久，何母生下了一个白白胖胖的女婴，眉目如画，气度非凡。她降生之时，头顶上放出六道毫光，照耀满室，还有异香飘散，家人四邻都认为她是神仙投生。果然，这个女孩子生来不进荤腥，而且随着年龄的增长，没有半点嫁人之意，一心只想求仙访道，长生久视。家人拗不过她，也不勉强，任由她吃斋诵经，打坐修习。

　　何氏女虽然一心求仙，却苦于无人指点路径。直到十六岁那年，她在梦中见到一位跛脚拄拐的仙人，向他倾诉自己的愿望和苦恼，仙人笑着对她说："你天赋极好，修仙之志也很坚定，但只靠断绝荤腥并不能够白日飞升，成仙得道。你若有心，可以试服云母粉，就能轻身飞行，且有长生之望。"何氏女醒来后，认定是仙人指点，于是便开始服食云母粉。久而久之，何氏女真的变得身轻体健，还能平地飞行。她坚持练习，每天往来于山谷之中，顺便带回一些奇异的山果给家人品尝，家人吃了觉得香甜可口、精神倍增，但始终说不清是什么果实。

　　这天，何氏女像往常一样到山中采果子，突见三位神仙从天而降，她赶紧追上前去，发现其中一人跛脚拄拐，正是梦中见到的那位仙人。另一位丰神俊秀，背着一把宝剑，还有一位是个老头儿，白须白发，倒骑在驴背上。何氏女上前行礼问询，得知正是铁拐李、吕洞宾和张果老三位神仙。何氏女向他们求教，三仙见她心诚志坚，就送她蟠桃仙果，又告诉了她辟谷修行的方法。何氏女吃了蟠桃，顿觉神清气爽，心明眼亮。下山后，她依法修行，果然能渐绝烟火之食，有时十几天不吃不喝也不觉饥渴，而且法术也有了长进。何氏女学道有成之后，开始为邻里治病驱邪，卜算休咎，十分灵验。如此一来，人们纷纷传说何家的女儿是仙子降世，她的声名也越来越响，人们开始称她为仙姑。

　　当时的皇帝武则天对何仙姑有所耳闻，就想召她入朝。武则天对仙人异士向来关心，特别是位女仙，就更合她一代女皇的心思。于是，武则天派使者前往何仙姑家乡召请何仙姑。伴君如伴虎啊，家人都担心她惹祸上身。何氏女却不以为然，微笑着辞别亲人，从容上路。一行人途经洛水之滨，何氏女忽然纵身投入水中。使者大惊，连忙命人四处寻找，却没找到一点蛛丝马迹。众人吓得手足无措，不知该如何回朝复命，只能坐在岸边发呆。没想到傍晚时分，何仙姑翩然凌空而降，不急不忙地告诉使者："我已前往禁宫见过了天后，你们可以回朝复命了。"使臣将信将疑地回到洛阳宫中，一打听，果然何仙姑当天来拜见过武则天，并和她在宫中长谈半日，众人惊讶不已。

据说何仙姑在宫中与武则天谈论了长生不老之术，她劝说武则天，要长寿首先要做到寡欲，摒绝声色，看破名利；其次要多行善事，不要滥用酷刑，要多施行仁政，修德积福。武则天为了酬谢何仙姑的一番美意，特令地方官吏在凤凰台建造了一座气势宏伟的会仙馆，作为何仙姑讲道弘法之处。何仙姑曾经写过一首题为《凤凰台》的诗："凤凰云母似天花，炼作芙蓉白云芽；笑煞狂徒无主张，更从何处觅丹砂。"何仙姑还喜欢吃荔枝，常常随手把果核抛在会仙馆周围，后来，会仙馆的四周长出一种特殊的荔枝树，结出的都是翠绿的青皮荔枝，有"凤凰台上，荔枝挂绿"之说。

何仙姑成仙之后，也喜欢四处云游，劝善惩恶，救济世人。不少人都曾得过她的恩惠，又常有神迹显化，于是广受崇奉。北宋仁宗年间，侬智高叛乱，名将狄青出征平叛，途经永州，遇到何仙姑，仙姑告诉他："将军不必与敌军交战，敌人一定会败走的。"狄青当时哪里肯信？他继续领军进攻，侬智高叛军果然不堪一击，刚刚开战就乱作一团，四处逃散了。狄青这才相信何仙姑果然是仙人降世。

何仙姑的种种神奇传说，流播天下，因此祭祀香火鼎盛不绝。世人不仅喜爱何仙姑容貌美丽，更敬重她慈悲心肠。在她的家乡便有何仙姑家庙，人们常来叩拜，祈求仙姑庇佑桑梓，保地方风调雨顺。西安八仙宫的何仙姑神像，手持荷花，嫣然微笑，目视芸芸众生，仿佛要以掌中荷花度尽苍生苦难，数百年来信众也是络绎不绝。来这里的香客游客们，无论心怀多少烦恼，见到何仙姑淡雅秀美的笑容和绽放清香的荷花，心中便会感到一片安宁平静。

带染荔枝鞋化井

广东荔枝天下闻名,唐玄宗的杨贵妃极爱吃荔枝,玄宗便命人从广东快马为她奉上新鲜荔枝。这即是杜牧诗中所称的"一骑红尘妃子笑,无人知是荔枝来"。苏轼也有诗写道:"日啖荔枝三百颗,不辞长作岭南人。"可见唐宋时期,广东荔枝已经朝野闻名了,而广东增城有一种叫作"挂绿"的品种尤为佳品。它的外壳上从蒂部到顶部有一道绿色的线痕,因此得名。清初屈大均的《广东新语》中说,"挂绿荔枝,爽脆如梨,浆液不见,去壳怀之,三日不变"。这"挂绿"荔枝就与何仙姑有一段不解之缘。

传说何仙姑的俗家就在广东增城,父亲何泰以制豆腐为生,家境平平。何泰夫妻俩只有一个宝贝女儿,叫秀姑。秀姑出生时,头上放射六道毫光,空中有鸾凤和鸣,屋内异香缭绕,数日不散。秀姑自幼不食荤腥,平日也不喜欢与同龄孩童嬉戏,闲来就是望天静坐,若有所思。家人问她想什么,她总是微笑不语。秀姑个性与众不同,却非常孝敬父

◎ 挂绿荔枝

母。小小年纪便帮父母磨豆腐、操持家务，而且知礼重德，街坊邻居都称赞她懂事，将来一定是个贤妻良母。父母听了，心中欢喜，但秀姑听到这种说法，却撅嘴皱眉，十分不快。

秀姑长到17岁，出落得眉目清秀，温柔娴静，一点不像小家小户的女孩子，隐隐有道骨仙风。一女百家求，给秀姑提亲的越来越多，家里门槛儿都快踏破了。本来婚姻大事，就是"父母之命，媒妁之言"。但是何泰夫妇了解自己的女儿，知道她秉性独特，不好强求。夫妻俩商量多时，终于找了个机会，劝女儿出嫁。秀姑自然是不情愿的，只好说出真心话："父母双亲见谅，不孝女已打定主意，今生只愿得道成仙，不愿为人妻母。"何泰夫妇听了，惊愕万分，没想到女儿小小年纪竟有出世之心！夫妇俩不愿接受，就自作主张，答应了一门亲事，暗地里准备起来。

这一天，秀姑正在家中静坐，忽听门外鼓乐喧天。她急忙出门，看见一队吹鼓手拥着一乘花轿，竟向自家走来。秀姑大惊，忙去问父母，母亲支支吾吾，父亲何泰坚决地说："秀姑，你不必多问了。爹娘已为你定下亲事。你这夫婿绝非庸庸碌碌之辈，不会委屈了你。你就听爹娘的话，不要再痴人说梦，想那成仙之事，安心出嫁吧。"秀姑哪里愿意，又不忍违抗父母之命。一时面露愁容，呆坐无语。任旁人如何劝解开导，都一言不发。

此时花轿已到门前，父母亲戚都劝她快点上轿。秀姑也不多说，径自走出门外，看也不看花轿，向着屋旁小河纵身一跃，跳入水中。众人见状大惊失色，连忙下河打捞。正手忙脚乱之时，河中忽然迸现白光，只见何秀姑脚踏祥云，与一位神采飞扬的道士冉冉升向空中。众人忙跪倒参拜，那道士笑道："天庭落英缤纷，少一位扫花之人，何氏女秀姑仙缘深重，这就随我吕洞宾飞升去了。"

何秀姑得到吕洞宾点化，白日飞升，心中欢喜不已，但低头见父母俯伏地上，又不忍心这样离去。母亲眼看女儿这一去，仙凡相隔，怕是再不能相见了，心中一急，上前便拉住秀姑的一只脚。秀姑与母亲依依不舍，吕洞宾在空中高声叫道："何氏女休得迟延，别错过飞升时辰！"秀姑无奈，只得用力挣开母亲。母亲不愿撒手，拽脱了秀姑一只绣鞋，又没有握紧，绣鞋脱手飞出，落到地上，随着一声巨响，平地多出了一口水井。秀姑随着吕洞宾飞上云端。天风浩荡，又把她身上披着的一条绿色飘带吹了下来，那飘带随风而落，挂在一株荔枝树上，众人奔去看时，飘带也不见了。

秀姑升仙而去，众人都知道何家出了仙子，便在她绣鞋所化的水井旁立起一座庙，塑起秀姑像，顶礼膜拜。据说此庙非常灵验，因而香火旺盛。十里八乡的人们就开始称她为"何仙姑"了，庙前那口井也被叫作"问仙井"。庙门上有一副对联："千年履迹遗丹井，百代衣冠拜古祀。"传说井水能医百病，饮了耳聪目明。而那株挂了绿色飘带的果树，感应了仙气，来年结了满树荔枝，每一个的壳上都带有一道绿痕，而且味道清香甜美，非比寻常，渐渐名声远扬，这就是著名的"挂绿荔枝"。

传说，公元750年，即唐玄宗天宝九年，何仙姑成仙三十多年后的一天，大雨过后，碧空如洗，人们看到一朵五彩祥云悠然飘过，何仙姑身着霞衣站在云端。人们纷纷跪地膜拜，何仙姑把一束黄绫由空中抛落到家乡的凤凰台上，上面写着三首诗，第一首是"云母溪畔胜天台，千树万树桃花开。玉箫吹过黄龙洞，勿引长度跨鹤来"。第二首是"寄语张家与李家，休将尘事闹闲情。蓬莱弱水今清浅，满地花荫护月明"。还有一首是"已趁神仙入紫微，水乡回首尚迟迟。千年留取井边履，说与草堂仙子知。"诗中表达了她对故乡的眷恋之情和对世人的劝诫之意。

幡然悔悟入大道

八仙中最后一位得道成仙的是曹国舅。他出现的时间最晚，流传的故事也较少，以至于有些人认为，他被列入八仙只是凑数的，一来是因为中国人常以"八"为吉利数字，二来是因为这个群体中还缺一位弃权贵而入道的代表。

曹国舅的身世历来没有太大的争议，都和宋仁宗的曹皇后有关。曹国舅，名佾，《宋史·外戚传》说他是慈圣光献太后的长弟，故称国舅。书中还这样叙述道："曹佾，字公伯，曹彬之孙，曹皇后之弟。其人性情和易，通晓音律，喜爱作诗，封济阳郡王，身历数朝而一帆风顺，年七十二而寿终。"然而，这里面并没有提到成仙的故事。

曹国舅毕竟与其他七仙地位不同，所以他的悟道出世，过程还颇有些波折。身为权贵，对俗世的执迷程度可谓深重。曹国舅是经历了一件知法犯法、助纣为虐的事情后，才良心发现、幡然悔悟的。曹国舅有一个弟弟，仗着自己是皇亲国戚，夺人产业、占人妻女，真是无

◎ 八仙殿曹国舅像

恶不作。国舅宠溺这唯一的弟弟，从不加以劝诫制止。

有一年，正值进京赶考的时节，一位秀才带着妻子赴京应试。曹国舅的弟弟正巧碰到了这对小夫妻，看见秀才的妻子非常美貌，整日念念不忘。为了霸占秀才妻，这个二国舅想了个歹毒的办法。他先是装作礼贤下士，把秀才骗入府中，灌醉之后，用绳子勒死了他。之后就把秀才妻抢回家中。秀才冤死，阴魂不散，一纸诉状告到了能断阴间案子的包公那里。谁都知道，包公铁面无私，这个二国舅还真怕他，吓得不知所措，哀求哥哥帮忙。曹国舅一向护短，就给出了个杀人灭口的主意。于是二人将秀才妻投入井中，想淹死她以绝后患。可是老天有眼，这秀才妻大难不死，逃了出来，也想着去找包公鸣冤。半路上却遇到曹国舅，见他官威赫赫，误以为就是包拯，于是拦住轿子，喊冤叫屈，申诉遭遇。曹国舅大惊失色，又令手下用铁鞭打死秀才妻，手下把她打得昏迷过去，以为她已经死了，就把她抛到了偏僻的小巷中。秀才妻醒了之后，挣扎着找到包公。

包公看到二人所诉情状一致，确信为实，就要将案犯捉拿归案。但是，毕竟是皇亲国戚，不能兴师动众打草惊蛇，还得想个办法。于是包公假称生病，曹国舅自然要来探望。曹国舅一来，包公就叫出秀才妻当面对质，曹国舅没有心理准备，自然张口结舌，不能狡辩，只得承认。包公就把曹国舅监禁起来，又写了一封假信把二国舅也骗了来，审明案情，打入大牢。这一下，皇后急了，缠着仁宗，要包拯释放两个弟弟，包拯哪里肯依？坚持要把二国舅处决，让大国舅服刑。宋仁宗只得找个借口大赦天下，包公无奈，才放了大国舅。曹国舅被囚禁在开封府时，听了秀才妻的哭诉，也已经感到自己罪孽深重，有所悔悟。获释后，他就决定从此不再关心尘事，到山中隐修去了。

汉钟离和吕洞宾得知此事，就想来度化曹国舅。有一天，两位仙人来到曹国舅修道之处，吕洞宾问："听说你在修养，那么你养的是什么呢？"曹国舅答："我在养道。"吕洞宾又问："道在哪里？"曹国舅指了指天。吕洞宾问："天又在哪里？"曹国舅又指了指心。汉钟离笑着说："心就是天，天就是道，你已洞悉大道的奥妙了。"二仙就传授给曹国舅《还真秘旨》，指引他成仙的路径。传说，曹国舅修道的地方就在安徽萧县黄桑峪，公元1088年，即宋哲宗四年，他在萧县玉虚观羽化升仙。黄桑峪有仙人桥、仙人床等，都是因曹国舅而得名。

曹国舅的成仙之路，是一个改过自新、抛却名利、返璞归真的过程，最具有劝善的意义。人们把曹国舅列入八仙，是不是也寄托着一些特别的期望呢？在民间的八仙形象中，曹国舅并非通常的道士打扮，而是仍然穿着他的官服，腰系玉带，手持玉笏。传说，他后来掌管着人间的婚嫁喜庆之事，这也许是对他曾经拆散秀才夫妻这一错误的弥补吧。他常手执檀香云阳板，敲出喜气洋洋的节奏，营造喜庆氛围，深受民众喜爱。

帝赐金符微一笑

物表英才性朴纯，天然气象妙精神。眼空四海全无欲，心贯三才绝点尘。

帝赐金符微一笑，师传玉诀乐长春。源缘慈父征唐德，积一皇后二仙真。

这是元代苗善时为曹国舅所作之诗。这首诗是以曹国舅另一个版本的

◎ 八仙殿西侧四仙像

故事为背景的，故事里的曹国舅不再是那个仗势欺人的反面教材，而是天性纯良、一心慕道、终成正果的羽士。

根据《宋史》的相关记载，我们可以了解到，历史上的曹国舅名佾，是北宋枢密使曹彬的孙子、吴王曹玘的儿子。曹玘被宋仁宗封为吴王，他的女儿应诏入宫，后来被册封为皇后。这样，曹皇后的弟弟曹佾就成为国舅。可以说，在八仙中，论成仙前的身份地位，曹国舅是最尊贵的一位。

史书记载，曹国舅相貌英俊，举止潇洒，行动敏捷，神采飞扬，然而天性纯真善良，性格安静恬淡，并不因为是皇亲国戚而声色犬马，只追求清虚平淡的日子。早在十二三岁的时候，曹国舅就已熟读儒释道三教经典。因为国舅的特殊身份，他从小就可以自由出入宫廷，皇帝和后宫的诸位嫔妃都很喜欢并器重他。皇上每次和他谈话时，他总是提倡黄老"清静无为"的做法，主张皇帝无为而治。皇帝非常喜欢他，曾经赐给他黄袍和红腰带，但他并不因此而自矜自傲。

有一天，一心向往修道生活的曹国舅忽然来拜见皇上和皇后，向他们辞行。皇上问他打算到哪里去，他回答说："修道的人可以在天地十方之间，四海五湖之内，无拘无束，随心所欲地遨游。我已经羡慕很久了，希望过这样自由自在的生活。"皇上和皇后认为云游苦行十分艰难，十分不舍，尽力劝阻。但曹国舅已经打定主意，不听任何人的劝阻。皇上无奈，就想赐给他鞍马和仆从来照顾他，他一概不接受。皇上想，总得给他一点保护，就赐给他一块金牌，上面刻着"国舅到处，如朕亲行"几个字，这样就不怕国舅在途中遇到危险了。国舅一看，盛情难却，就接受了金牌，只身一人离开皇宫，云游四方去了。

曹国舅修道的意愿十分坚定，出门时除了那块金牌，就只带着一把笊篱，用来化缘乞食。他任意游走，有一天不知不觉来到了黄河边，考虑了一会儿，他决定乘船过河去对岸继续参访。于是他登上一只渡船，艄公向他索要渡河的银钱，他说："我是个道士，身无分文，但是可以帮船家干些杂活以抵渡钱。您看可以吗？"艄公听罢，十分不情愿，怒气冲冲地辱骂他，还要把他赶下去。曹国舅急了，就从衣服中取出皇上赐给他的那块

金牌，递给艄公，问：“这个可以抵渡钱吗？”艄公接过金牌，不认得字，其他人围过来一看，顿时吓得魂飞魄散，慌忙跪倒一片，口中呼喊着"万岁"。艄公更是六神无主、惊慌失措，顿时傻了眼，跌坐在船中。

这时，只听见有人大声呵斥道："你既然自称出家人，怎么还依仗权势，威吓欺负别人？"国舅循声一看，是一位道士，衣衫褴褛，却声如洪钟。曹国舅也自知不妥，恭恭敬敬地向这位道士弯腰行礼，说："弟子怎么敢仗势欺人呢？的确是渡河心切，又没有银两，才想拿金牌抵押的。"那道士问："既然你不用倚仗金牌，那你能把它丢到水里去吗？"话音未落，曹国舅已经毫不犹豫地一挥手，把金牌远远地抛了出去，金牌落到急流中，转眼就不见踪迹。大家见曹国舅这一举动，都非常惊叹他的魄力，纷纷行礼称赞。船靠了岸，那位道士登上河岸，微笑着说："你既然有此决心，是否愿意跟随我云游参访呢？"曹国舅毫不迟疑地答道："弟子愿意追随道长！"于是，他就上岸跟着这个道士离开了。

道士和曹国舅二人一同走了好几里路，坐在一棵大树下歇息，道士问他："你以前认识吕洞宾吗？"曹国舅说："弟子只是一介凡夫俗子，怎么可能认识他那样的神仙呢？"道士轻声叹息，微笑着说："在下正是吕洞宾，今日就是特地来度化你的。"曹国舅听后，惊喜万分，连忙跪拜，心说自己真是有眼不识泰山！吕洞宾告诉曹国舅，正是他一心向道的决心感动了神明，所以自己才下凡来点化他。后来，吕洞宾向曹国舅传授了修道的理论和口诀，曹国舅刻苦修炼，终于证真成仙。

这个故事最早见于苗善时的《纯阳帝君神化妙通纪》，其中的曹国舅不是仗势欺人的皇亲国戚，而是不贪慕浮荣的清修道士。元代无名氏的散曲《双调·水仙子》中的曹国舅形象，也与这个故事颇为吻合："玉堂金马一朝臣，翻作昆仑顶上人。腰间不挂黄金印，闲随着吕洞宾，林泉下养性修真。金牌腰中带，笊篱手内存，更不做国戚皇亲。"人们大概更喜欢这个形象的曹国舅吧。

八仙祝寿成民俗

在中国传统文化中,"三月三"作为一个众所周知的独特佳节,一直流传至今。传说农历三月初三是王母娘娘的寿诞之日,也叫"王母娘娘千秋节"。每到这一天,王母娘娘都要在瑶池宝阁举办别开生面的蟠桃盛会,以蟠桃为主食,宴请各路神仙,同时接受众仙的朝贺。久而久之,各路神仙都将受邀赴宴作为一种荣耀,农历三月初三也演变成了一个重要的道教节日。而在民间,老百姓把王母娘娘视为福寿之神,在这一天也渐渐形成了踏青春游、登山逛庙会等丰富多彩的传统民俗。"三月初三春正长,蟠桃宫里看烧香。沿河一带风微起,十丈红尘匝地扬。"晚清时有一首叫《都门杂咏》的诗作,描述的就是当时民间蟠桃宫庙会的盛况。

说到蟠桃,就不能不提到王母娘娘的两样宝贝。其中一个就是吃了可以长生不老的仙丹,神话中的嫦娥就是偷吃了王母娘娘的仙丹才得以飞升奔月成仙。第二个就是这蟠桃了,据说,蟠桃三千年开一次花,又三千年才能结果,再三千年才最终成熟,吃了这仙桃自然能延年益寿,增长功力,汉代名士东方朔就是偷吃了蟠桃而成仙的。王母娘娘是身份高贵的女神,蟠桃会盛大而庄严,神仙们在蟠桃会上还要特别注意自己的行为举止,如果出了差错,那是要遭到严厉惩罚的。我们熟知的《西游记》中就多次提到与蟠桃会有关的故事,卷帘大将沙和尚仅仅因为在蟠桃会上失手打破了一个琉璃盏,就被罚落入流沙河;而天蓬元帅猪八戒则因为酒后调戏嫦娥仙子,被罚转世到凡间;齐天大圣孙悟空也曾经因为得不到参加蟠桃会的资格,怨愤地搅乱了一届蟠桃会,受到严厉的惩处。

八仙在天界和人间都有着良好的口碑,自然年年都在被邀之列。这一年,八仙接到王母邀请之后,相约在蓬莱仙岛商议贺寿事宜。曹国舅说:

◎ 八仙殿壁画：八仙祝寿图

"我听说仙家中太上老君的书法最好，去请他写几笔，装裱成轴送去，王母准会喜欢的。"大家一致拍手称好。于是，何仙姑剪七色彩霞织成云锦，韩湘子采摘百花香叶敷染一番，吕洞宾砍来北海檀木做画轴……经过合力精心制作，一卷璀璨夺目的锦轴完成了。八仙带着锦轴，驾起祥云，一起来到太上老君的洞府。这老君和八仙有些交情，所以欣然答应。老君提起那生花妙笔，在铺开的锦轴上写了一个苍劲有力的大"寿"字。八仙便带着这份寿礼，高高兴兴地赴王母娘娘的蟠桃大会去了。

蟠桃会所在之处，琼楼玉宇，琪花瑶草，说不尽仙境美妙。各路神仙纷纷应邀前来，一派喜气洋洋、热闹非凡的景象。八仙由金童玉女引路，拜见了王母娘娘。铁拐李呈上寿礼，锦轴缓缓展开，顿时满室异香扑鼻，"寿"字金光灿烂。众仙看了，异口同声，齐夸高妙。王母大喜，也连声称赞。

王母在蟠桃园设宴。园中鲜花盛开，鸾鹤飞翔。弯弯曲曲的桃树枝上，一片片翠绿的嫩叶，映衬着一只只娇艳欲滴的蟠桃，煞是鲜美可爱！寿宴开始，仙童奏着美妙的乐曲，仙女们跳起婆娑的舞蹈，众仙纷纷举杯向王母祝贺。王母命七仙女从树上采下蟠桃，分赐给大家品尝。众仙吃着味道甘美的蟠桃，畅饮着琼浆玉液，一个个心花怒放。此时，八仙也兴高采烈，神态各异，只见何仙姑端起长生酒，蓝采和拎起满篮奇花，双双飘至王母娘娘尊前；汉钟离倚在石头上，轻摇小扇，怡然自得；张果老乐呵呵地倒骑着毛驴在园中闲逛，手中还不忘端着美酒豪饮；吕洞宾舞起长剑，旁若无人，潇洒畅快；曹国舅手执玉板，在掌中击打着节奏；韩湘子取出玉笛吹奏仙曲，出神入化；铁拐李自然用他的葫芦盛满美酒痛饮，悠闲地看着众仙其乐融融的景象……

八仙是在民间流传最为广泛的神话人物，汉钟离、吕洞宾、张果老、铁拐李、韩湘子、何仙姑、蓝采和与曹国舅，人们在这八位仙人的身上总能找到老百姓的影子。明代王世贞在《题八仙像后》中指出："是以八仙者，老则张，少则蓝、韩，将则钟离，书生则吕，贵则曹，病则李，妇女则何……"可见，八仙具有广泛的群众性：男女老幼、贫富贵贱、文庄粗野，代表社会各阶层的人群，在民间具有深厚的影响力和亲和力。随着八仙故事在民间的广泛流传，八仙祝寿成了吉祥美好的象征。久而久之，人们在做寿时也会请戏班子上演八仙祝寿剧，来增添喜庆氛围，渐渐形成民俗，中国许多地方的迎神赛会也都少不了八仙的节目。

八仙祝寿的素材也被广泛用于艺术创作。比如八仙祝寿的年画深受人们喜爱，年画上还常常配着一首诗："万岁蟠桃海上栽，得道鹿骨换仙胎。蓬莱阆苑三千远，时有群仙献寿来。钟离点石把扇摇，果老骑驴走赵桥。洞宾背剑清风客，国舅瑶池品玉箫。采和手执云杨板，拐李先生得道高。仙姑敬奉长生酒，湘子花篮献蟠桃。"

八仙过海显神通

"八仙过海,各显神通"是个老少皆知的典故,常被用来赞叹那些依靠自己的特别能力干成大事的人。在八仙众多的传说故事中,八仙过海也是其中最精彩的一个。元代杂剧《争玉板八仙过海》,把这个故事搬上了舞台,为人们所喜闻乐见。明代吴元泰又将这个故事编成小说,流传更广。

传说有一年,蓬莱仙岛牡丹盛开,岛主白云仙长邀请各路神仙前来游赏。八仙应邀欣然赴约。他们一起来到东海岸边,遥望仙岛,真是云蒸霞蔚、紫气氤氲。但是此时海中却潮水汹涌,巨浪惊人。大家商议找寻渡船,吕洞宾阻拦道:"我们都是神仙中人,何必用凡人的方法过海。不如我们各自露一手,也显得仙术神妙。"大家齐声赞同。只见他们各自取出自己的法宝,投向海面。然后跳上这些"渡船",念动真言,飘然前行。

说到八仙所用的法宝,那可都是奇妙无比啊!"渔鼓频敲有梵音,剑现灵光魑魅惊,紫笛吹渡千波静,手执荷花不染尘,葫芦岂只存五福,轻摇小扇乐陶然,玉板和声万籁清,花篮内蓄无凡品"。张果老的渔鼓,能够占卜人生;吕洞宾的宝剑,可以镇邪驱魔;韩湘子的玉笛,能使万物滋生;何仙姑的莲花,有利修身养性;铁拐李的葫芦,用来救济众生;汉钟离的芭蕉扇,能够起死回生;曹国舅的玉板,可以净化环境;蓝采和的花篮,能够广通神明。这八样法器,特色鲜明,所以人们也称其"暗八仙",用来代表这八位神仙。

八仙把法器投入水中用来渡海,一路顺风顺水,不由得游兴大增,更想展示一下自己的本事,便在海面上玩起了"特技"表演。张果老用法力使渔鼓旋转起来,划出巨大的涟漪,使其他众仙差点失去重心,纷纷笑骂

◎ 八仙殿壁画：八仙过海图

老张"使坏"；吕洞宾临风站在剑柄上，任宝剑飞速地破浪前行；韩湘子的笛子在水面一过，竟然自己奏出了难得一听的美妙旋律，令大家好生欢喜；何仙姑随即应和着袅袅笛音，翩翩起舞，足尖在荷花上旋转，撩起片片水花，众仙拍手叫绝；铁拐李驱使葫芦倒立而行，自己高坐在葫芦底端，逗得大家笑声一片；曹国舅的玉板划过水面，也奏出了清灵的音乐，与韩湘子的笛音相得益彰；蓝采和的花篮里忽然涌出无数花朵，飞到空中下起了花瓣雨，令过海的场面更加美轮美奂。

不过，神仙玩得高兴起来，那动静可不小。这时候，海面波澜迭起，惊动了海底的龙宫。东海龙王派了虾兵蟹将去查看，得知事情原委后，龙王大为不悦，怒气冲冲地说："小小几个道士，竟然在我东海海面兴风作浪，实在无礼！"于是派了太子带着虾兵蟹将前去交涉。八仙正在兴致勃勃

之时,被龙太子扫了兴,不免争执起来。太子年轻气盛,忍不住掀起漫海大潮,向八仙淹来。八仙急忙躲闪,不料曹国舅一不小心被夺了玉板。蓝采和躲闪不及,从花篮上坠下。太子拿着玉板,将蓝采和带回龙宫。这下可怎么了得?剩下的七仙勃然大怒,只见汉钟离挺着大肚子,飘飘然降落潮头,轻轻扇动芭蕉扇,只听"呜忽"一声,一阵狂风,卷起大浪万丈高,把一群虾兵蟹将扇到九霄云外去了。双方混战起来,铁拐李把葫芦瞬间变大数倍,七仙都站在葫芦上,韩湘子、吕洞宾和何仙姑分别用自己的法器与虾兵蟹将争斗,张果老提醒道:"诸位,抓了这太子换蓝采和啊!"龙太子见势不妙,转身准备逃走,张果老骑着毛驴紧追不舍。眼看着就要追上了,不料毛驴忽然被一只蟹精咬住蹄子,痛得一声嘶叫,登时把张果老抛下驴背。幸亏吕洞宾眼明手快,救起张果老,挥起宝剑杀了蟹精。此时,龙王也闻讯前来。七仙要求龙王交还蓝采和以及玉板,但龙王怪罪他们扰乱了龙宫的清静,又打伤那么多兵将,拒绝了他们的要求。双方再度陷入激战,直打得天昏地暗,难解难分。

正在不可开交之际,空中忽然传来轻灵缥缈的说话声:"什么人如此喧哗?"众仙定睛一看,远处一人驾云到来,正是南海观世音菩萨。原来,当时菩萨正在玉皇大帝处下棋,天兵天将向玉帝报告东海一事。听闻他们争斗得激烈,观音向玉帝自请前去看个究竟,调解调解。双方的争斗暂时停了下来,请观音评理。问明情况后,观音认为此事应该上报玉帝,由玉帝最终定夺。于是,七仙和龙王跟着观音来面见玉帝。玉帝听过事情原委,认为八仙闹海伤人,难逃罪责。观音上告玉帝:"八仙闹海是有错,然而龙太子夺走玉板、囚困蓝采和同样不是明智之举,以至于双方争执不下,难以收场。"听了此话,玉帝决定判龙王罚俸一年,同时八仙谪降一等,一年后再恢复。

七仙和龙王向玉帝告罪离开,观音菩萨又和他们一起回到东海,亲自处理善后事宜。观音让龙王归还了曹国舅的玉板,释放了蓝采和,又用法术从曹国舅的玉板上截取一块下来,作为赔偿给龙王的损失。双方都心服口服,不再抱怨。观音菩萨说:"诸位同为仙道中人,切不可因小事失了仙家风度，伤了和气哪！"八仙和龙王都觉惭愧，于是互相道歉言和。这件事因为观音菩萨得到圆满解决，后世便有诗曰："八仙踪迹居岛蓬，会罢蟠桃过海东。大士不为扶山海，龙王安得就深宫。"

后人以"八仙过海，各显神通"或"八仙过海，各显其能"为典故相传。有意思的是，因为八仙闹海遭到贬谪的缘故，后来沿海人们便开始遵守"七男一女不同船"的禁忌，以保证出海的平安。

全真道风盛长安

全真道始创于金元时期。作为全真道发祥地的终南山地区,道派流布,脉脉不绝。八仙宫地处古都长安的驿路之冲——东关,因而至明清时期渐渐成为全真道的十方丛林,一代代高道大德前赴后继地践行着识心见性、济世度人的宗教追求和入世精神。八仙宫从此承载了全真道的诸多历史文化积淀。终南——长安,道风长存……

终南得道王重阳

八仙宫在民间钟吕八仙信仰的基础上创立之后，明清时期渐渐发展为全真道的著名道观。这与全真道在陕西地区的传承与发展是密不可分的。全真道是金代道士王重阳创立的新兴道派。王重阳（1112—1170），原名中孚，字允卿，又名世雄，字德威。入道后改名喆，字知明，道号重阳子，故称王重阳。北宋末京兆咸阳（今陕西咸阳）大魏村人。

王重阳出生在一个富庶的家庭，自幼饱读诗书，才思敏捷，修进士业，也就是接受儒家教育，一心一意走"修齐治平"的道路。他形质魁伟，任气好侠，扶危济困，闻名于乡里。但是当时正处在北宋沦亡、金人入侵、民族灾难深重的时代。这使得他一腔抱负无处施展，最终选择了一条借助宗教自我实现的道路。

公元1130年，即南宋高宗建炎四年，陕西咸阳被金兵占领。金人在陕

◎ 终南山

西扶持了刘豫傀儡政权,国号齐,年号阜昌。王重阳曾参加齐的礼部考试,但未中。不久,伪齐政权被废除,金人开始直接管辖陕西。公元1138年,即金熙宗天眷元年,金廷下诏开科取士,王重阳对金政权还抱有幻想,特改名世雄,字德威,弃文从武,考中了武举。但是只得到一个甘河酒监的小职位,一直干到47岁,郁郁不得志。

有一天,王重阳忽然慨叹:"圣人孔子四十而不惑,亚圣孟子四十而不动心。我如今已经过了这个年岁,可是仍然吞腥啄腐,纡紫怀金,在尘世随波逐流,不是太愚蠢了吗?"于是,他解印辞官,慨然决定弃家入道。他在刘蒋村另置了房子,整日饮酒,好像疯了一样。人们都喊他"王害风",他也欣然答应。

◎ 重阳宫碑林王重阳石刻画像

有意思的是,相传王重阳得道,主要是因为得到了五篇秘文,秘文的来历是这样的:公元1159年,即正隆四年的一天,他正在甘河镇肉铺里饮酒吃肉,忽然看见两个道士从南而来,仙风道骨气度不凡,王重阳不由自主地迎上前去倒身便拜。两位道士也不客气,相视而笑说:"此子可教!"于是把他带到僻静处,授以真言口诀,并且告诉他可以去山东传道。还有一种说法是:王重阳弃官后四处寻师访道,与一道士结伴共同修习。道士告诉他:"西北大山中有精通《阴符》、《道德》二经者,你既然喜好,何不和我一起去听听呢?"说完就不见了。正隆四年中秋,王重阳在醴泉县又遇

到这位道士,问候之后一起饮酒,问他籍贯年龄,他只答道:"我是濮人,二十二岁,不知道姓什么。"王重阳又问其他问题,他也不回答,要来纸笔写下了五篇秘文,嘱咐王重阳仔细阅读。并且告诫"天机不可泄",又说:"速往东海,丘刘潭中,有一骏马可擒之。"

还有传说,王重阳不仅得到秘文,还饮用了仙家神水,因此悟道入道。说到神水,其过程也差不多。一种说法是:王重阳弃官后整日饮酒。出外时总是提着一壶酒,边走边喝,有人向他要酒喝,他也不拒绝。一日,从甘河镇携酒回住处,一位道士叫住他:"害风,愿意给我些酒喝吗?"王重阳就把酒给了他。道士喝完就授秘诀给他,并让他拿着空酒壶取甘河水来喝。王重阳喝了,明明是河水,味道却像仙酒一般。后来又遇到这位道士,道士给他吃了丹药,从此得道。《类编长安志》里的记载又稍有不同,说的是王重阳还在酒监任上,在甘河镇卖酒时,有两位披着毡裘的先生长期来此饮酒。一日,他们邀请王重阳在甘河岸边饮酒,酒喝完了就直接舀河水来喝,味道却像上品佳酿。之后,他们给了王重阳秘文。

其实不管是得了秘文,还是饮了仙酒;也不管是谁传了秘文,赐了仙酒,都是要说明王重阳访道确实访出了名堂,访到了结果。从此以后,王重阳改名为喆,字知明,号重阳子。他潜心修习,终于证道成真。

王重阳在南时村挖了一个洞,上面垒起几尺高的土,叫"活死人墓",还挂上王公灵位。在四隅各种一株海棠,对人宣讲:"我将来要使四海教风为一家!"在这里,王重阳住了三年,又迁居刘蒋村结庵修炼了一段时间,决定东游。公元1167年,即金大定七年的夏天,他一把火烧了住处,还在旁边婆娑起舞。大家问他为什么烧了房子还这么高兴?他说:"烧了好啊,自有后人来修。"后来他就往山东传道去了,他借助诗文循循善诱,收了七位高徒,创立了全真道。七朵金莲并开,又各自开花散叶,分宗立派,全真道终于大行天下。王重阳最终实现了自己的人生目标,成为一代宗师。

后来王重阳弟子回到刘蒋村,在此结庵,渐渐发展为重阳宫。他的弟子还宣称,重阳祖师在甘河所遇的异人就是吕洞宾,也有说是汉钟离或刘海蟾的。这当然不可能，但王重阳遇到钟吕内丹派的传人，得到了其传承秘文，还服过"神水"、"仙酒"之类的丹药，却是可信的。也许正因为此事，明清以来，离重阳宫不远的八仙宫和全真道产生了神秘的联系，吕祖信仰、八仙信仰和全真道义在这里更加相得益彰了。

继往开来振仙宫

在《八仙庵十方丛林碑记》中，有一段文字："天下事前无所变更，则后应无虑。若变更既见于前，虽复照常，苟不预计，焉知后又不效前所变更者而变更乎？如八仙庵，自宋迄今，开成丛林，原四方道友之公所，非一家子孙之私院。康熙初年，任天然募化重修，栖止大众，厥后忽坠丛林而为私守。嘉庆丙寅，赤脚董清奇复为开修，大振仙宫，留参霞士。继而有华山韩合义，又继而有律师刘合仑，开坛演教。后遂传戒于朱教先，而教先卒无异志。及教先没，亦无有复萌异志者。"

从这段言简意赅的碑文中，我们不难发现，八仙宫成为全真道的十方丛林，显然是有一个过程的，经历了曲折复杂的正邪之争。而在这些较量中最终取胜的，自然是那些品行高洁、无我无私的高道大德。他们的功绩永远为人称道。

任天然，籍贯及生卒年月不详。据推算应该是公元1661—1722年，即清朝康熙

◎ 十方丛林碑记

年间出生，曾在北京白云观受戒。据八仙宫口传的资料说，任天然终生恪守戒律，品质高洁，才学出众，受人爱戴。明末清初，八仙庵曾经一度受到严重破坏，断瓦残垣，败落不堪，庵中道众稀少，道风涣散。当时陕西省大概有些热心的信众希望改变八仙宫的情况，于是推选代表诚聘任天然来担此重任。任天然慨然接受，于康熙初年担任方丈，开始了艰难的事业。他不辞劳苦，多方求助，募化到相当多的经费，感召了众多善男信女，凝聚起一股强大的力量。仅两年间，八仙庵中路殿宇及两边厢房就被整葺一新，还扩建了东跨院，增建了"孚佑帝君专祠"。八仙庵原有公元1674年即康熙十四年所立碑石记载此事。道观硬件条件好了，自然吸引了众多道士归止任天然门下，这使当时的八仙庵具备了进一步发展的条件。任天然也很善于管理，在他的努力下，恢复了以往的丛林制度。而且，他还在八仙庵举行了开坛传戒仪式，倡导全真道的清规戒律，弘扬济世利人的全真精神。八仙庵盛极一时，全真道也盛极一时。

然而，任天然羽化之后，八仙庵失去了核心人物，渐渐衰落。至公元1736—1820年，即乾嘉年间，八仙庵被不良道徒掌握了管理权，变成了某些人的"私家财产"。历经多年建立起来的十方丛林制度被破坏，庙内建筑也渐趋败落，引起道俗的普遍不满。这时候，正在西安西南隅会真庵疯和洞修行的董清奇进入了八仙庵的历史。

董清奇，河南邓州人，生卒年不详。他曾到处云游参访，且惯于赤足，乞食为生，颇有全真祖师苦志清修之风，故号乞化道人、赤脚道人，时人亦称"赤足董仙人"。他的足迹遍布陕西、湖北、湖南、甘肃、河南、河北、天津、北京等地，见多识广，德高望重。嘉庆丙寅年间，在八仙庵内有识之士的努力下，董清奇被聘为住持。他勇于担当，雷厉风行，一方面致力于恢复十方丛林制度，重新开坛演戒；另一方面竭诚募化集资，对八仙庵进行了较大规模的修葺，据说西跨院即此时扩建而成，并增建了邱祖殿。董清奇还善于言辞，他把云游期间的所见所闻所感汇编成一部《除欲究本》，以浅俗轻快的口吻和笔调宣扬三教合一的心性修养思想。公元1814年，即嘉庆十八年，地方官绅商庶为他捐资出版了此书，为八仙宫留下了

一笔珍贵的文化遗产。像这样修持高洁、见多识广的住持，感召力、凝聚力自然是巨大的，所以可以想象当时八仙宫香火鼎盛的情形，否则怎么能配得上"大振仙宫"这样的评价呢？

可惜的是，因为碑石被毁，资料遗失，《八仙庵十方丛林碑记》中提到的华山韩合义开坛演教的情况不得而知。律师刘合仑于公元1809年，即嘉庆十三年在八仙庵开坛传戒，但受戒人数不详。后来守志不移的朱教先也没有详细的生平资料，但传说旧碑记载了他的事迹，他守戒精严，众望所归，在公元1816年，即嘉庆二十年前后担任过八仙庵方丈，期间扩建了西花园，也传过一坛戒。

说到八仙宫在清朝初年这些较大的发展，不得不提起王常月这位"全真中兴之祖"。王常月（1522—1680），为明末清初著名道士，山西长治人。他青年时代就遍历名山，参访大道，曾经博览三教经典，拜了二十多位师父学习。中年时期归止于全真龙门派第六代律师赵复阳，得授戒律心法，并立志重振玄风。清顺治皇帝入关时，王常月从华山北上，在灵佑宫挂单。后来先后三次奉旨在白云观登坛说戒，度了上千名弟子。还被皇帝赐紫衣三次，被顺治皇帝奉为"国师"，康熙也曾跟他受方便戒。在王常月的表率和努力下，沉寂了四百多年的全真道走向中兴。一时间道风大振，各地道士归止门下，形成许多支派，至今道脉不绝。

全真中兴，说明当时清朝政府对道教是支持的态度。而八仙宫也正是在这时发展成为全真道的十方丛林。可以说，八仙宫的鼎盛是全真中兴在西安地区的反映。

天语温温问姓名

到了清末光绪年间，即公元1871—1909年，八仙宫又出现了一位传奇人物——方丈李宗阳。

据一篇署名张小丽的文章介绍，李宗阳（1860—1939），又名涵三，号抟虚道人，河南济源人，传说是唐代西平郡王李晟的三十七世孙。幼年时家境尚好，曾经入学读书，通诗文，工书法。后来家道中落，就随着父亲在南阳做小买卖。有一天大雪纷飞，他在路上行走，看见前面走着一个人，

◎ 诗碑

奇怪的是，在雪地上却没有留下足迹。他好奇地跟着走了一里多路，跪在那人面前请求收他为徒。这个传说被李宗阳的弟子张宗骞刻在1941年所立的涵三子李宗阳道行碑上。此后，李宗阳告别家人到南阳卧龙岗武侯祠出家学道，在嵩山深处一个石室中静坐修习了十年之久。又到华山潜心炼养，这期间遍读道藏经书，还广泛涉猎儒佛经典。后来奔赴北京，曾拜白云观方丈高仁峒为师。

光绪年间，即公元1871—1908年，李宗阳来到西安八仙庵。为了在修道的同时供养老母亲，他特意在庙外租赁小屋安顿母亲，因此其孝名远近皆知。两年后，李宗阳被选举为八仙宫监院，任职约二十年。公元1900年，即光绪二十六年，八国联军攻陷北京，慈禧太后带着光绪皇帝逃到西安避难，美其名曰"两宫西狩"。因为高仁峒与清廷关系密切，为慈禧所信任，他向慈禧推荐了李宗阳。所以慈禧初到西安就正式召见了李宗阳。李宗阳在被接见时，从容不迫，对答如流，慈禧非常赏识他的风度。李宗阳因此待遇优渥，被封为"忠孝神仙"、"紫云真人"等，受赐"玉清至道"匾额。光绪也封赏了李宗阳，赐"大德禅师"之号以及"宝箓仙传"匾额。

李宗阳被接见后也非常感动，曾经作诗纪念此事。诗中写道："春光布满长安城，天语温温问姓名。留与人间作佳话，神仙原不慕浮荣。"诗后还有说明："光绪二十六年岁庚子，拳匪变乱，致招八国联军入京。德宗奉孝钦皇后即慈禧皇太后銮舆西狩长安，辛丑还都。驻跸八仙庵，召见奏对称旨，赐御书'玉清至道'、

◎ "玉清至道"匾额

玉冠、紫袍以荣之，咏此记盛。"

李宗阳还紧紧地抓住这次机会，向慈禧申请敕修八仙庵，争取到了一笔经费——内帑银两千两，用来修建了山门和牌坊。完工之后，还增建了照壁。公元1906年即光绪三十二年建成，清廷派陕西左翼副都统克蒙额致祭。慈禧应李宗阳的奏请，赐额为"西京万寿八仙宫"。为了保护屡遭侵占的庙产，李宗阳还请得了两梃御棍，传说"御棍打死人不偿命"。

公元1902年，即光绪二十八年，李宗阳曾奉慈禧太后谕应召进京。他被安置在地安门外娘娘宫内，慈禧派该宫负责人每天亲自伺候李宗阳的起居。住了几个月，李宗阳不耐烦这样的繁文缛节，就上奏请求慈禧太后允许他返回八仙宫。公元1906年，即光绪三十二年，李宗阳奉慈禧之命，在八仙宫开坛传戒，广收弟子，具体数目不详。第二年，李宗阳辞去八仙宫监院之职，云游各地参悟道法。三年后，在杭州玉皇山黄龙洞住了下来，修习静功及禅法。

1912年，李宗阳因为在道教界的崇高威望，被南阳玄妙观邀请去做该观住持。玄妙观是一处道教圣地，位于南阳城西北。始建于1335—1340年，即元代至元年间，公元1371年，即明洪武四年，道人李云庵对该观进行了大规模扩建。历经明清两代，原有建筑日益雄伟。全院拥有殿堂房舍三百一十间，神像七十五尊，占地一百五十余亩，田产七千七百余亩。公元1867年，即清同治六年，同治皇帝把清廷珍藏的珍贵经典《大藏道经》赐给了玄妙观。公元1869年，即同治八年，又在观内建藏经阁，使玄妙观的地位日益提高。能够受邀做这样一座宫观的住持，可见李宗阳的才干非同一般。

随着革命风潮渐起，李宗阳的师弟王北方成为革命党人，他和程仲渔等人受命从日本潜入内地，组织联络人员从事革命事业。李宗阳一向崇奉济世利人的全真精神，他同情并支持同盟会推翻清朝封建统治的革命活动，西北的同盟会成员常常得到李宗阳的掩护。另外，李宗阳还为玄妙观积累了一大功德。1928年，冯玉祥将军在河南提倡振兴教育，主张把庙宇改造成学校，南阳地区绝大部分庙观被拆毁。李宗阳与香严寺方丈释云斋、菩

提寺方丈释玉普联合去南京政府请愿，使玄妙观等得以保全。在他的倡导和主持下，玄妙观与南阳红十字会合办红十字医院，救死扶伤；还在观中创建孤儿院，收养孤儿和难童。他积极捐资助学，从事各类慈善事业，造福地方百姓，充分地践行全真道济世利人的宗旨，赢得了广泛的拥戴。传说李宗阳还著有一部《全真开教实记》，但目前已无从查考。国民党元老于右任先生对他的品貌才学极为赞赏，曾为之题词"诗本天随子，人如地行仙"，上款为"宗阳大炼师"，在近代的道士中很少有人能够得到这样高的评价。

　　李宗阳自1912年做玄妙观住持至1939年仙逝，在观中度过了他一生中的重要阶段。1936年李宗阳因年事已高，辞去了住持之职，由聂云祥接替。在羽化前一年的秋天，他写下了一首诗："承教行缘数十年，而今身退殊坦然。风雨晦明随造化，梦幻泡影任变迁。花开花落树常在，云去云来山自闲。世路险夷都不管，从此逍遥一洞天。"展现出他洒脱旷达的心胸。

堪以胜迹作民气

1911—1949 年，由于当时监院唐旭庵的努力，八仙庵得到一次较大的修葺。这在八仙庵近代发展过程中，是具有重大意义的。

唐旭庵，本名唐宗煜。1932 年在青岛海云庵出家，1934 年在四川成都青羊宫挂过单，后来到八仙宫常住，很快被推举为监院。当时的西安由于历经战乱，许多庙宇陵祠都遭到了不小的破坏。八仙宫也不例外，唐旭庵一直有心加以整修，重振庙风。这个想法的最终实现，和当时主政陕西的邵力子与杨虎城是分不开的。

杨虎城（1893—1949），陕西蒲城人，名忠祥，虎城为字。父母务农为业，家境贫寒，仅读过两年私塾。1908 年，因父亲被清政府处死，杨虎城走上了革命的道路。加入国民党后，负责陕西地方军政工作，任陕西省政府主席兼陕西绥靖公署主任。杨虎城将军虽然出身行伍，文化程度不高，却十分重视文化教育事业。西北农林科技大学和西安培华学院等高等院校的创建，都是他的功劳。

邵力子（1881—1967），名景奎，又名凤寿，字仲辉，浙江绍兴人，近代教育家、政治家。早年参加同盟会，1933 年到陕西任政府主席。之前的陕西省政府主席一直由杨虎城将军兼任。杨将军敬佩邵力子的才学品性，再三请求国民党政府派邵力子来陕西省担任省政府主席。蒋介石最终同意了。邵力子抵达潼关时，杨虎城亲自到华清池迎接。

邵力子和杨虎城实行军政分治，但在治陕政策上高度一致。他们精诚合作，集思广益，大力发展水利、农业，积极修路办学。而且，古文化造诣深厚又酷爱历史的邵力子，一到陕西，就致力于保护文物古迹。他常对省政府人员说："陕西境内，名胜遍地，古迹不绝，山川草木，亭台楼阁，

驿道河桥，陵寝碑记，几乎每一处都有一段传说，每一物都是历史的活化石，要重视文化古迹的保护和修复，发挥古城独有的优势。"1934年，邵力子在省政府委员会上提出修复西安钟楼、重修岐山周公庙、修建西京博物院等建议，并列出要加以保护的文物古迹名单。

据说，唐旭庵是杨虎城的结拜兄弟。对于邵力子列出的文物保护名单，他一定是有所了解的。但一开始名单中并没有八仙宫，他作为一座古庙的监院怎么能放过这样一个大好机会呢？八仙宫有一通《重修西京万寿八仙宫碑记》，记载的正是唐旭庵倡导并主持的重修事宜，也记载了唐旭庵为此所作的努力。碑文里首先叙述了八仙宫重要的历史地位和地理位置，认为国民政府既然想通过文物遗迹的保护和重修"伸张民气"，那么像八仙宫这样的道观，本来就坐落在唐代兴庆宫的遗址上，而且在西安市近郊，处在交通要道上，现在却没有提到要修复它，"岂非一大缺典乎"？这大概也是当时唐旭庵及道众们争取重修机会时所申诉的理由吧。

◎ 重修西京万寿八仙宫碑记

碑文随后提到："监院唐旭庵炼师，学识通伟，道行粹卓，谓国家既以胜迹作民气，斯庵之修势不可缓。爰发宏愿，爰造募册，自邵主席力子、杨主任虎城、孙主席蔚如、王会长怡然，各大人、先生均输巨金，财用既储，梓人度工。门室殿堂五楹者四,三楹者三，两庑如五楹之四者而倍之。

用国币二万四千奇。三月经始，十月落成。"可见，唐旭庵充分利用了他与杨虎城的亲密关系，也充分利用了邵力子倡导开展文物保护工程的机会。

从碑阴所录的捐资名单看，这次八仙宫虽然得到了重修机会，但政府并没有划拨经费，因为本来就不在预设的名单里。但是邵力子、杨虎城及众多官员显然都给予了很大的支持。其中，邵力子和杨虎城各捐大洋1500元，其他十几位官员捐200元到500元不等，还有十多家政府机关、七十多家商会及企业、一百多个人参与了捐资和募捐，共计24000多元。唐旭庵利用这笔经费，重修了吕祖殿、太白殿，全面修缮了灵官殿、雷祖殿、八仙殿、斗姆殿、山门及两边厢房。1938年3月开工，10月就竣工了。

这次重修，算得上是民国时期八仙宫的一大盛事了。人们给予了高度评价，认为唐旭庵重修八仙宫的过程是"行一而得三善"，即"饰胜迹以作民气，崇道德以佐治理，宾额迎送于是焉"。就是说，重修八仙宫有三重意义：首先是用重修历史遗迹来振作老百姓的精神，其次是通过弘扬道家思想辅佐政府的治理，三是发挥八仙宫处在驿路要冲的交流作用。唐旭庵也就因此成为八仙宫历史上一位不可被忘却的高道大德。

大名犹列第一行

抗战时期,八仙宫郭静阳、周秋阳两位道长,以自己的善念与胆识,为抗日、反内战做出了贡献,在中国革命史中为八仙宫写下了光彩的一笔。

郭静阳,又名郭合喜,据说原籍为河南,早年出家庙观已不得而知,后来到八仙宫常住。1939年接替唐旭庵担任八仙宫监院,1945年左右羽化。郭静阳精于教务管理,曾经募资把八仙宫原来的单道木牌坊改造为双道砖牌坊,使牌坊更为壮观。

周秋阳,又名周明岐,生卒年不详,山东邹县人。周秋阳早年在济宁出家,云游各地后落足在西安八仙宫,没有担任过职务。他虽是一位虔诚的道士,但有积极的入世精神,亲近当时的革命人士,赞成抗日,支持中国共产党。

这两位道长之所以被载于史册,是因为他们利用八仙宫这样的宗教场所,掩护了宣传抗日救亡的刘子衡先生以及中国共产党陕甘宁边区主席林伯渠的革命活动。

刘子衡(1905—1981),原名刘位钧,山东滕县(今滕州市)人,著名爱国民主人士。刘子衡出身于佃农家庭,先后在山东省立第二师范、青岛大学、山东大学学习,以机智无畏的精神,在学校组织各种爱国进步活动。据说他博闻强记,才思敏捷,并且精通《易经》,能言善辩,常常语惊四座。

抗日战争期间,刘子衡与蔡元培、闻一多、老舍等著名学者广泛交往,联合宣传抗日。他还利用给林森、冯玉祥、胡宗南、于右任、何应钦等国民党军政要员讲《易经》的机会,宣传团结抗日的主张,产生了一定的影响。后来在国共合作、北京和平解放等重大事件中起过不小的

◎ 静阳郭大监院升座之庆匾

作用。

新中国成立后，他在山东任职，后来选择了隐居生活，潜心于学术研究。晚年的刘子衡在对台工作中还做出过突出贡献。1981年7月在济南病逝，享年76岁。刘子衡先生学贯儒道佛，既有入世济民的精神，又有超脱旷达的胸怀，享有众多美誉，人称"刘神童"、"布衣大师"、"文坛怪杰"、"天下奇士"等。

刘子衡先生在陕西的活动主要是在抗日战争爆发后，他借着到西安讲学的机会，进行抗日救亡宣传活动。就在此时，他结识了时任陕甘宁边区主任的林伯渠。据刘子衡女儿刘曾莹回忆父亲的文章所述，刘子衡常常住在八仙宫，并且在宫后的窑洞里与林伯渠秘密会晤。刘子衡从林伯渠那里得到中共中央的有关材料、毛主席的重要文章及其具体的工作指示。郭静阳、周秋阳两位道长为他们作掩护，并且帮助传递书信和重要文件。1945年，刘子衡再次来西安，又到了八仙宫，这时郭静阳道长已羽化，刘子衡就托周秋阳道长把一封秘函转给林伯渠。日本投降后，周秋阳道长又曾把林伯渠一封关于开展"反内战争"的信转给刘子衡。

新中国成立前夕，林伯渠曾寄信给刘子衡，他还记挂着郭静阳和周秋

阳曾经做出的贡献，建议给八仙宫一个全国政协委员的代表名额。但可惜的是，此时，周秋阳道长也已经辞世了。刘子衡在去世前一年，即1980年的清明节，写下一首长诗《曳尾行》缅怀周道长：

儒道之理可得兼，孔子昔曾礼老聃。
富贵浮云毗易破，蓬瀛缥缈杳难攀。
位高泰盈危将颠，琼楼玉宇不胜寒。
帝力何有于我哉，康衢真仙在人间。
周生生于圣之乡，取名明岐字秋阳。
志在天下为己任，求名早登明伦堂。
凤鸟不至图不出，弃儒学道伴玉皇。
玉皇聩聩等泥土，山虽昌平世不昌。
名山大川别访道，孤鹤闲云足翱翔。
晚年退养八仙庵，八仙之居讵妄传。
沧桑历尽栋梁在，久经虎踞与龙盘。
退养有洞何幽静，不啻尘世小桃源。
林老爱此频来往，心悦良策胜金丹。
爱国岂能限儒道，奔走何嫌骨骼干。
神州一统日重光，道人瑞返父母邦。
荐君代表路未果，九九羽化白云乡。
至今戒碑留古庙，大名犹列第一行。
我忆道人思慨然，以来万事如云烟。
儒乎道乎理则那，无为有为事难全。
曳尾泥深得此生，挑灯再读秋水篇。

在抗战时期，除了周秋阳和郭静阳两位道长，还有一位遗德甚厚的道长被人们刻在了石碑上，也刻在了记忆里，他就是1943年到1948年任监院的邱明中道长。邱道长号旭阳，湖南人。他从小喜欢玄学，还醉心于科学研究有十几年的时间。因为偶然闲游道观，萌生了修道之志，后来到白云观拜赵圆善为师，出家修行。1943年，因为八仙宫监院虚位，道众邀请他来八仙宫做监院。四年多时间里，他不仅虔诚敬神、谦和有礼，赢得道俗爱戴，而且增建出租房屋，为道观创造了经济效益。他羽化后，道众立遗德碑一通，碑文中称他"此其慈且勇，信且广，不先为器长之实证也。诚所谓大隐居市，在尘出尘，无为而无不为者也。"这通石碑虽然因风化而字迹模糊，文辞缺损，使得邱监院的具体事迹不十分清楚，但从这句评价中不难看到邱监院的功行卓越、德高望重。他自然应该与周、郭两位道长一样被人们永远纪念和缅怀。

言无形迹尽天真

从中华人民共和国成立以后到"文革"爆发，这一时期在八仙宫历史上留下浓墨重彩的道长，莫过于乔清心监院。

乔清心，俗名金镜，山东馆陶县（今属河北）人，生于公元1909年，即清溥仪宣统元年。他出生在一个耕读之家，受过多年私塾教育，知书达礼。青少年时期的乔清心喜读神怪小说，渐渐产生出世修道的愿望。他的母亲担心他误入歧途，自作主张给他定亲完婚，希望以此冲淡他出家的心思。不料他在新婚之夜逃离家乡，径直到了华山。他在华山中峰拜了苏亨祥为师，成为华山派第三十一代弟子。从此一住十年，期间寻师问友，潜

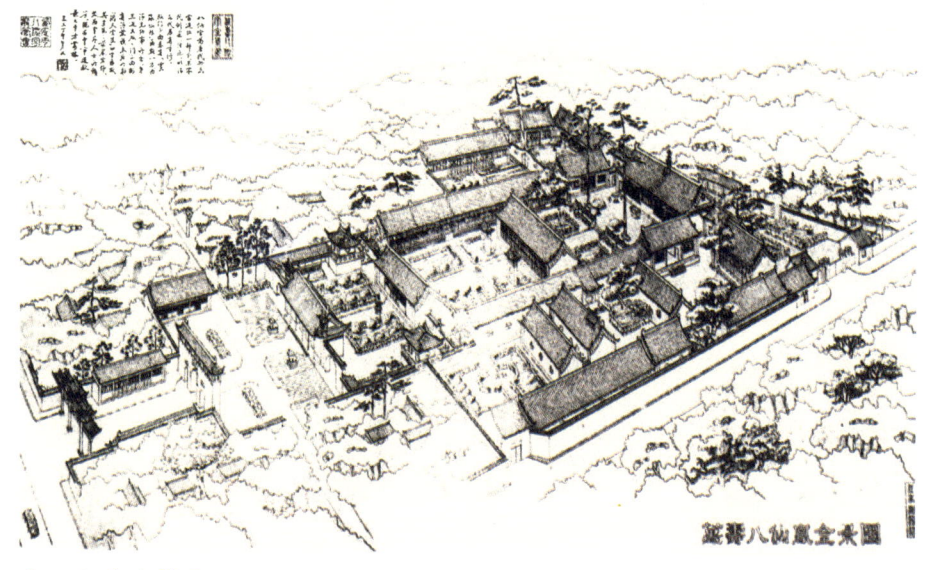

◎ 八仙宫全景图

◎ 乔大监院清心连续三任志庆匾

心研究，颇有收获。据他自己说，有一次静坐时入了大静，开静后竟已过了七天。他欣喜异常，认为如此坚持下去就可以修成正果了。可是后来再也没有出现过这种现象，他认识到自己根基浅薄，于是决定下山继续寻访高道，以求长进。

乔清心在山东济宁上清观、北京白云观等住过一段时间后，于1943年到沈阳太清宫挂单，恰好遇到金诚泽方丈在黑龙江双城县无量观开坛放戒，他就入戒坛受"三坛大戒"。受戒以后，乔清心对自己要求更严，恪守戒规，勤修苦练。1948年，他来到西安八仙宫，在长安县三角坡的庄房长春堂挂单清修。

1949年5月，西安解放。当时八仙宫由于监院姚德存已经隐退，而100多名道众对共产党的宗教政策一无所知，一时群龙无首。大家想到德高望重的乔清心，于是集体商议到长春堂邀请他来做监院。众情难却，当仁不让，乔清心慨然就任。他到任后，积极参加西安市委统战部组织的宗教界人士的学习，带领大家研读《共同纲领》中的宗教信仰自由政策，消除

了大家的思想顾虑。他还告诉大家"要拿出祖师修道时那种艰苦卓绝的精神,来顺应时局之变革",恢复停顿了几个月的宗教活动。这样,他既安定了人心,又恢复了正常的庙内秩序。

1954年乔清心当选为陕西省人民代表,尽管事务繁忙,但他仍坚持到田间与道众们共同劳动,始终保持全真道教徒躬耕自养的传统。乔清心不仅自安清苦,而且乐善好施,政府每月给他的60元车马费,他全部用于公益事业。在八仙宫长住的老道长有的经过几代监院,他们一致称赞说:"像乔监院这样虔诚、与道众同甘共苦的监院,真是神仙风范呀!"

1955年乔清心第三次当选八仙宫监院,这在八仙宫是史无前例的。这一次监院升座时,八仙宫道众及信徒们送他匾额一方,题词是"上德若谷"四字,取自《道德经》第四十一章,表达了人们对他的真诚赞誉。这一年,我国进行农业合作化运动。乔监院领导道众成立了八仙宫高级农业合作社,兼任主任。八仙宫在土地改革时曾分得三百多亩土地,乔清心本人堪称农艺专家,在他的领导下,八仙宫率先使用了当时最先进的农业机械马拉收割机,农业生产搞得有声有色,粮食连年丰收,多次得到政府的表扬和奖励,道众生活也大为改善。周围其他的农业社还经常请他去传授农业技术,连省农业局的同志也常来请教他。

1956年乔清心与岳崇岱方丈、陈撄宁先生等共同筹备组建中国道教协会。1957年中国道教协会第一次代表会议在北京召开,中国道教协会正式成立,乔清心当选为副会长。回西安后,他对道众们宣讲:"道协成立,我们道教有了自己的组织,道协的宗旨就是团结全国道教徒,继承和发扬道教优良传统,在人民政府领导下,积极参加祖国的社会主义建设,协助政府贯彻宗教信仰自由政策,推动和开展道教研究工作,各庙有什么问题,道协可以向政府反映、帮助解决。道教从创始至今,特别是道教全真派诞生以后,历尽艰辛和曲折,仍能到现在而不衰,这不能不归功于道教的教理、教义的博大精深,道教徒们又奉行老子的清静无为的教旨,与世无争。在修持上除情去欲,忍辱含垢,苦己利人而深得广大群众的信赖。"

乔清心一生恪守全真道俭朴恬淡的修道作风,平日除了应对各种活动之外，坚持研究道经、农业技术和医术。他一贯认为"医道通仙道，学仙先学医"。正当他准备写一部道教养生著作之时，"文革"爆发了。1966年8月16日，乔清心从外面开会回来，看到庙内一片狼藉，神像被打倒在地，经卷被烧成灰烬，又惊又怒，但也无可奈何。据说他流泪狂笑而去，从此杳无踪迹，有人说他进入太白山隐修去了……

乔清心走后不到十天，他的侄子从山东老家来找他，八仙宫道众才了解到他在俗家的一些情况。乔清心有一位俗家弟子叫葛金诚，他在一篇文章中回忆了他与乔道长的故事。葛金诚小时候读到过一些诋毁出家人的小说，所以总以为庙里面藏着机关暗道，道士们都是道貌岸然的坏人。在一个冬天的黄昏，他悄悄潜入八仙宫，想要探探究竟。深夜时，伸手不见五指，小孩子嘛，自然也有些害怕。他壮着胆转悠了一圈，也没发现什么。忽然看见一扇窗户透着烛光，就爬到窗台上窥探，一时没站稳摔了下来。听见动静，屋里走出一位老道长，正是乔清心。乔道长一看是个小孩子，就亲切地问："小家伙，这么晚了你怎么还在庙里？"童言无忌，葛金诚天真地说明了来意。乔道长不觉失笑，对他说："今天太晚了，你先回去吧，免得你爹妈着急。改天你再来，我带你看秘密。"然后就举着蜡烛把他送出了门。

不久，葛金诚又逃学去找乔道长，他觉得乔道长慈眉善目，一点也不像坏人，不由得心生敬爱之意。乔道长真的带他到处参观，还把他带进自己的卧房。葛金诚看到一张照片，这是1957年5月朱德总司令接见首届中国道协代表会议全体成员的照片。他惊讶地问道："朱总司令也同你们照相？"乔道长说："当然了。咱们国家是实行宗教信仰自由政策的，党对我们道教界人士也是讲团结的。"葛金诚这才放下了疑虑。之后，葛金诚常常去拜访乔道长，乔道长鼓励他好好学习，长大报效国家。

乔道长也很擅长书画，葛金诚提到他在乔道长那里看到的一个条幅，上面写的是："语入精详皆物理，言无形迹尽天真。"这正是乔道长为人的真实写照。

天字第一王理仙

20世纪80年代初，随着宗教政策的落实，八仙宫渐渐恢复了正常的宗教活动，殿堂建筑等也得到了修复。这一时期，八仙宫的发展有赖于王理仙、曾教风、闵智亭等各位道长的不懈努力。

王理仙（1913—1995），吉林省怀德县人。曾经在私塾读过六年书。王理仙父母早逝，有一兄一妹。他的哥哥成家自立，不与他们一起生活。王理仙把妹妹拉扯大后，无心娶妻生子，再过俗世的生活，于是在怀德无量宫出家。他的师父是赵至善，师爷是王明露。他在无量宫一住就是八年。

◎ 王理仙灵塔

1943年，沈阳太清宫金诚泽方丈于黑龙江双城县无量观开坛传戒，戒期100天，他入了戒，并获"天字第一号"戒子。

全真道的根本戒律是"三堂大戒"，或称"三坛大戒"。它包括三个层次，即初真戒、中极戒、天仙戒。初真戒有十三类200条，中极戒300条，天仙戒包括270法。初真戒修习熟练后称妙行师，中极戒过关后称妙德师，天仙戒圆满后成为妙道师。只有受过天仙戒的道长才有资格传戒，每次戒期100天，所以也叫"百日圆满三坛大戒"。在受戒期间成绩最好的戒子才能被列为"天字第一号"。

王理仙获戒后，告别师父道友开始云游天下。1950 年 10 月住陕西楼观台，1952 年 10 月来到西安八仙庵，1962 年至 1965 年参加中国道教协会首届进修班学习，结业后仍回西安八仙庵。

1982 年，王理仙被选为西安市政协委员。这一年，八仙宫被国务院批准为全国重点开放宫观，迎来了新的发展时期。八仙宫按政策成立了庙管会，王理仙被选举为领导小组组长，副组长由闵智亭、曾教风担任。八仙宫以前被毁坏的殿堂屋宇面临着大规模的整饬，这副重担就落在了领导小组的肩上。在统战部门和宗教部门的关怀下，领导小组几经交涉，终于使从"文革"期间就占用殿堂的工厂陆续搬出。经费方面，除了国家补助 15 万元、工厂及其他单位补偿 20 万元外，领导小组又努力募集资金 10 多万元。之后，八仙宫按照明清的建筑风格进行重修，基本上恢复了原样，重现了昔日宏伟、幽静、庄严的庙貌。

1989 年 11 月，王理仙被北京白云观聘为第二十二代方丈，并于 1989 年 11 月 12 日至 12 月 2 日在北京白云观开坛传戒，这是中华人民共和国成立以来道教全真派进行的第一次传戒活动，接续了中辍 60 余年的全真道龙门律宗的传戒仪典，授戒子 70 余人。他在传戒期间，曾经接受过记者士鸿的采访。士鸿表示王理仙道长沉默寡言、古雅慈祥，令人油然生敬。采访中，王道长讲述了他对"道"的理解。他认为，道是不能用语言表达的，"放德而行，循道而趋"，"自然无为"就是道，在虔诚的道教徒心目中，"道"就是神的意志、太上的化身。在被问及传戒问题时，他解释道："所谓戒者，就是禁止之意。受戒之目的，是为了益善、止恶、皈真、舍妄。所以全真道士认为戒为律己登天梯。"而且玄门设坛传戒必须诚心，要"敬神如在"；戒坛还要讲究威仪，不仅要方丈主坛，还要设证盟、监戒、保举、演礼、纠仪、提科、登箓、引请八大师配合，用庄严的仪式激发人对道的虔诚心。

王理仙清静寡言，不喜与人谈论自己的经历和功行，但他给人们留下了博学精进、俭朴善良、古雅慈祥的美好印象。他作为一位虔诚的道教徒，

不仅对教义有着深刻的领悟，而且乐善好施，在实际行动中践行大道，他把国家给他的车马费及个人生活节余，都捐献给灾区，从不留姓名，赢得了道俗真诚的敬重。

1995年，王理仙羽化登仙，遗蜕被安奉在楼观台。楼观台是道教祖庭，也是王理仙方丈曾经修道的地方。为了纪念王理仙方丈，使道教学人永怀一代大师的风范，经楼观台倡议，北京白云观发起，西安八仙宫和楼观台共同筹备，在王方丈墓前修建起一座高12米的纪念塔，1998年竣工。在灵塔落成典礼上，道教界还举行了怀念王道长的座谈会。后来升座为湖北长春观方丈的湖北省道教协会会长吴诚真当时作了《桂枝香》词一首，表达了众多道俗对王道长的敬重与怀思：

    西安终南，正周至楼观，太上圣地。此处人间仙境，观星望气。道德篇言老君蔂，划地丹炉真亭栖。女泉三鹰，福地洞天，数千遗壁。

    公灵塔，今又落成，为古观添辉，垂范教理。余曾律师亲诲，坛下戒益，未报天恩公仙去，留下宏愿吾辈继。金科玉律，循道放德，同舟共济。

另外，在八仙宫修复过程中，也不能忘记曾教风道长，在此一并介绍。

曾教风，俗名宪章，河南邓县大曾营村人。生于1917年11月29日。家境贫寒，15岁就辍学了，在商行做了三四年徒工。他一向不喜欢商人斤斤计较的作风，总是羡慕慷慨侠义的武侠人士。19岁投奔武当山，想学习武艺，但是没能如愿，就在武当山紫霄宫出了家。他的师父是童合权，童道长为他取道名"教风"。两年后，曾教风告别师父，出外云游参学。1937年到陕西留坝张良庙常住，做过迎宾、账房等执事。1938年常住周至楼观台，先后任知客、巡山、司账等。1940年来到八仙宫，先后当过账房、知客。

1956年2月八仙宫高级农业生产合作社成立后，他担任了会计。当时乔清心大师是监院，看到曾教风稳重踏实，就分派他主管生产。"文革"爆发后，曾教风仍坚持留下来，带领未离去的道众劳动自养，尽力维持八仙宫的状况。

  1982 年，曾教风被选为庙管会领导小组副组长。当时，王理仙道长是领导小组组长，但年事已高。另一位副组长是闵智亭道长，他主要负责教务。所以在修复八仙宫的过程中，具体事务大多依靠曾教风，大家公认曾教风功不可没。另外，据一些老道长回忆，曾教风还是当代著名的章表符箓书写大师。

  曾教风道长为人温厚，善理财务，办事干练稳重，任劳任怨，非常受道众敬重。1986 年当选陕西省道教协会常务理事，1988 年当选西安市道教协会副会长，1992 年当选第五届中国道教协会常务理事，还被选举为西安市碑林区人大代表，群众基础非常好。

  从这两位道长身上，我们不难看到全真道积极应世、弘传教义的优良传统。正是因为有了他们不计名利的坚定付出，才有了八仙宫新时期的健康发展。

玉溪道人闵智亭

闵智亭，1924年5月5日出生于河南省南召县。他的家庭世代以经商为业，家境很好，所以幼年时受到良好的家学教育。他从小喜欢读《留侯传》及陶渊明诗词，心理上受到深刻的影响，羡慕出世修道的生活。18岁时，因为日寇侵华，他所就读的学校停了课，因此辍学，他也就乘此时机，只身投奔华山毛女洞出家，拜刘礼仙道长为师，开始了修道历程。

出家后，闵智亭早晚诵习《道德经》、《南华经》、《阴符经》、《常清静经》等经典，学识日益增长。刘礼仙道长自知文化程度不高，不愿耽误弟子，所以鼓励他外出参访深造。1944年，闵智亭到西安八仙宫挂单参学。当时八仙宫监院是邱明中道长，是一位弃官从道者，德高望重，善于选才任能。当时的都讲商明修是清末拔贡出身，才学出众。闵智亭在他们的培养下，受益匪浅。他还拜了著名高功赵理忠道长为师，学习道教经韵及科仪。因为他勤学肯干，1945年被选任八仙宫知客、行堂执事等。

然而，闵道长在修习方面并不满足，1946年他决定到南方云游，曾在武汉长春观担任过高功经师、号房、巡寮等执事，与监院陈明昆道长学习经忏科仪。后来又到杭州玉皇山福星观挂单两年，并先后担任过号房、大殿主、知客等执事，向书画造

◎ 闵智亭

诣颇深的周济道长求教学画。周道长不仅尽传所学，还为他起了道号"玉溪"，足见周道长对他的喜爱和器重。闵道长还向古琴大师徐元白学习古乐技艺，向李理山监院学习天文星象以及奇门遁甲，向诗人黄夷吾学习古诗词。1949年，闵道长到上海白云观常住，担任过账房。1950年白云观修补珍藏的明代《正统道藏》，他有幸结识陈撄宁大师和丁福保先生，于是谦虚求教，大有长进。总之，闵道长聪明好学，在南方短短的四五年里，广泛地学习了道教经典、音乐、书画、诗词、天文等多方面知识，这为他以后的发展奠定了深厚的基础。

1951年秋，闵道长回到八仙宫，以优秀的才学，先后被选任知客、总理和督管等职。他还积极参政议政、参与社会事务，担任过西安市七区人大代表和西安市青联委员。1956年他回到华山，协助华山道众组织成立华山服务社，把华山宫观庙宇团结成一个集体，并担任了服务社总会计职务。1962年，他被吸收到华阴县文史研究会工作，参与整理地方史志资料。1966年"文化大革命"爆发，道教受到冲击，闵道长不得已下山返回家乡。

1978年中共十一届三中全会以后，宗教界迎来了新的发展时期，落实了政策的闵道长怀着喜悦的心情回到了华山，常住在玉泉道院。华山服务社恢复后，闵道长开始担任出纳和外事接待工作。闲暇时他仍然精进苦学，道教义理、道教历史、宫观管理、科仪戒律等，无不涉猎；出外参访，总要详细调查和记录；并且开始尝试撰写文论著作。他的著述已整理出版的有《华山神话故事》、《道教仙话》、《道教仪范》等。

1982年，闵道长又回到八仙庵担任了庙管会领导小组副组长，还被选为西安市道教协会会长、区政协委员、区人民代表。1985年应中国道教协会的邀请，到北京主持"道教知识专修班"教学工作。同年冬天，中国道教协会召开第四届全国代表会议，闵道长当选为常务理事、副秘书长。1986年陕西省道教协会成立，他被选为副会长兼秘书长。1987年当选为西安市道教协会会长。1989年中国道教文化研究所成立，他又被推选为所长。1990年中国道教学院成立，他出任学院副院长。同年，又被推选为西安八仙宫监院。北京白云观开坛放戒时，闵道长被礼请担任戒坛大师。

◎ 科仪

1992年8月，中国道协召开第五次全国代表会议，闵道长被推选为中国道协副会长，并兼任中国道教学院副院长。1998年当选为全国政协第九届常务委员。同年当选为中国道教协会第六届会长，兼任中国道教学院院长、陕西省道教协会名誉会长、西安市道教协会会长、西安八仙宫监院。闵道长还被选举为陕西省人大第七、八、九、十届代表，西安市政协第八、九、十、十一届常务委员。2003年当选为全国政协第十届常务委员，并任全国政协民族宗教事务委员会副主任委员，还曾担任中华海外联谊会理事。2004年1月3日在北京逝世。

1988年6月，闵智亭道长应加拿大多伦多道家太极拳社和蓬莱阁道观的邀请，与武汉长春观谢宗信道长一起飞越太平洋，前去讲授道教的教理教义以及道教气功健身方法。他们飞抵多伦多时，受到了蓬莱阁道观负责人梅连羡先生的亲自迎接和热情款待。闵智亭道长在多种场合，向来自加拿大各地的道教信徒和爱好者们讲授了《道教根本教理及其哲学思想》、《太极图与内丹方术》、《太极图与先天八卦关系》、《斋法与醮义》、《张三丰道要歌》等内容。特别是讲述《张三丰道要歌》时，博得了300多位听众长时间的掌声。多伦多市约克大学哲学教授范光棣先生特意前来拜访两位道长，交流老子哲学思想等。

这两位道长出国讲学，是中国道教史上前所未有的一件盛事，具有深远的历史意义。闵道长回国后，曾深有感触地对许多人说："这次出访的圆满成功和亲眼看到华人在国外的情况，使我深感，中国只有在共产党领导下发展强盛，取得崇高的国际威望，才能使海外华人挺起腰来。旧社会，我们的海外华人备受歧视，毫无政治地位，饱受凌辱，哪有宣扬我们民族道教的可能？现在不同了，华人地位提高了，像多伦多，就有华人当议员，当工厂大经理、工程师、大学教授。我们道教在那里也很受欢迎。人们穿件印有太极图图案的衣服，就觉得很时髦，这是多大的转变啊！没有中国共产党的领导，没有社会主义祖国的强大，我们道教能在外国传播吗？我能以中国道教人士的身份去加拿大吗？去了，又怎能受到当地这样隆重的欢迎呢？这次出国，使我深深体会到国家强盛的好处。我希望我们的道徒，尤其是青年道友，要热爱我们的社会主义祖国，要拥护中国共产党的领导，要维护安定团结的社会秩序，为建设两个文明、为建设强大的社会主义祖国积极作出贡献。"从这些话中，我们能够深深感受到闵道长真诚的爱国爱教之心。

文风武道存风骨

道教的基本教义是对我国传统文化的继承,而承载这种文化的无疑是一座座道观。八仙宫作为长安地区的道教活动中心,在长久的历史积淀中,荟萃了道教文学、音乐、美术、武术等种种文化成就。这些成果彰显了八仙宫独特的精神特质,像一颗颗美丽的珍珠,闪耀着纯净的光辉。

除欲究本百喻经

《除欲究本》是八仙庵清嘉庆年间,即1796—1820年任方丈的董清奇道长的著作,是他在云游参访的过程中形成的一部见闻与思想总集,是八仙宫宝贵的文化思想遗产。

《除欲究本》所阐述的主旨是:除欲究本,换性成真。齐仁清在《序》中解释道:"除欲者,除其旧染之污;究本者,究其本然之性。"

本书在阐述其主旨的过程中,阐扬了"三教合一"的主张。董清奇认

◎ 聚仙阁讲堂

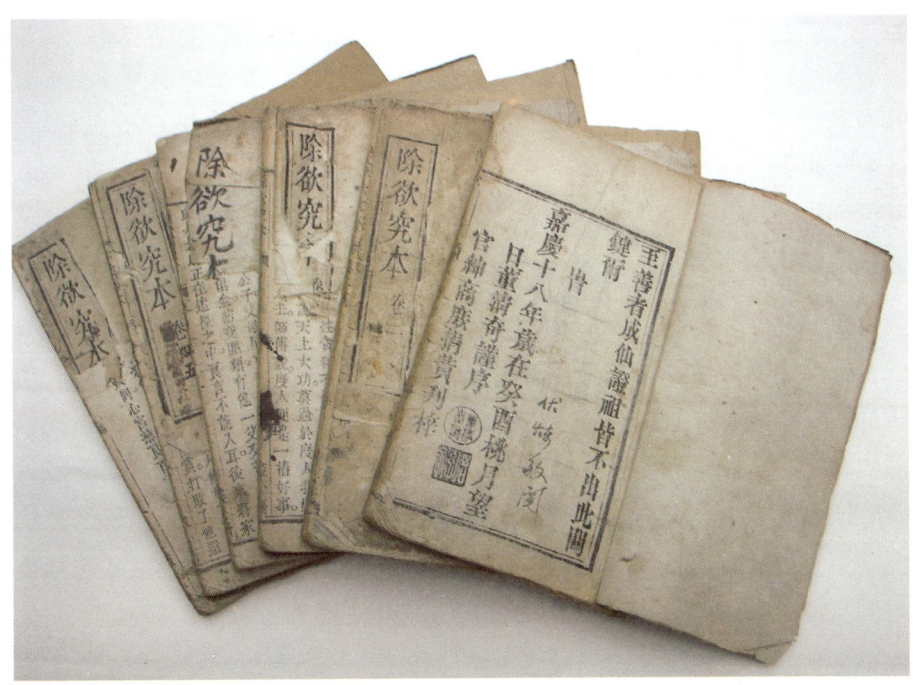

◎ 《除欲究本》

为"三教理同",只是"取名不一"。所谓"三教理同",就是指儒释道三教圣哲皆以"善"为本然之性,以"欲"为染着之污,都注重修心养性,以实现人生的终极理想。所谓"取名不一",指的是黄老以"寡欲"而归真成仙,释氏以"无欲"而觉悟成佛,朱陆以"灭欲"而存天理成圣贤。董清奇对三教圣人都倍加推崇。他说:"我也好信僧,我也好信道。我也好喇嘛,我也信儒教。只要是明公,说话通玄妙。于我心有益,低头愿聆教。"他认为三教圣人都是"通玄妙"之人,而所谓"玄妙",就是葆有本然之真性。董清奇指出,三教各有特点,"儒有学问、释有机锋、道有异名",但他要使三者共同的道理"少学问、短机锋、无异名",更易于为众人所接受。

该书针对其主旨,主要探讨了心性修养的功夫。董氏有言:"三教内外讲德行,哪个圣人不论心?""然欲理相杂于方寸,反复积微于仿佛,要在

察夫二者之间也。"他认为人的本性是善的，欲望是恶的，而性与欲、善与恶对立统一于人的心中。修心的主要任务就是除去各种各样的欲念，恢复并保持本性。董清奇认为：要做到这一点，首先要狠下决心，有志有恒。还要懂得深挖欲望的根源，保持高度自觉。而最为重要的是严守戒律，刻苦积功累行。董清奇的心性修养功夫论具有三教糅合的明显痕迹，例如宋明理学的心性论，佛教的戒律、因果、解脱思想，全真道的苦己利人精神等，在书中都有体现。这对于研究清代三教合一思想具有一定的学术价值。配合心性修养之说，该书还以故事形式，历数人类的各种欲望及其给人造成的不利影响，并且提出相应的除去欲望的具体方法，对于个体的道德修养实践也同样具有现实指导意义。

该书共六卷，第一卷与第六卷所采用的文体主要是诗词，第二至第五卷主要是故事。诗词有四言、五言、六言、七言、杂言等，故事包括寓言和见闻，语言浅明活泼，雅俗共赏。正如董清奇《自序》所云："余编此书，少学问、短机锋、无异名，言简路捷，易于醒悟，即是全不识字的人，听之亦于身心有益。"另外，齐仁清在《序》中也说："虽曰为易醒无文之人，即文士阅之亦有补于身心。"可见，董清奇著书的用意是为了教化道俗。虽然文字俚俗，浅显易懂，但是话语幽默，寓意深刻，可读性很强。

大家可能都知道有一本名为《百喻经》的佛教寓言故事集。《百喻经》，全称《百句譬喻经》，是古天竺高僧伽斯那撰写、南朝求那毗地翻译的。所谓"百喻"，包括九十八篇譬喻故事，加上卷首引言和卷尾偈颂，共有百则。《百喻经》每篇都采用两步式，第一步是讲故事，是引子；第二步是比喻，阐述一个佛学义理。其内容浅显有趣，所以很受阅读者的欢迎，广为流传。而《百喻经》想要宣扬的也是除去各种欲望，治愈心灵的疾病，求得了悟解脱。所以撇开写作形式，仅就思想及意义而言，《除欲究本》可以算作道教的《百喻经》了。

附：

井蛙无识语言大　海蟆有知道寿长
（选自《除欲究本》卷二）

诗曰：

他本是名井底蛙，大言不愧藐天下。遍游江海觉咱小，留与一歌当笑话。

昔有一龙，因错行雨泽，上帝恼怒，贬于下界，在井底受困。那井主人，打鱼为生。一日打鱼，把两个虾蟆子儿，粘在篮儿上。回来洗鱼，落在桶里。向井里打水，把虾蟆子泛在水里。到第三年，那母虾蟆，摆下许多子儿，出来许多小虾蟆。母虾蟆死了，剩下公虾蟆。那一日登坛说法，大喝云："水底之物自我大，过了三冬并三夏。你们都是初出世，小辈后生知道啥？"他只管说大话。那龙听着，心上十分不服，欲要和他分辩。又想我与他说天上的话，他不知；说人间的话，他不晓；说四海的话，他更不知，难与他分辩。等我罪满出井之日，将他带出去，着他见一见世面。

一日龙的罪满，把身子一抖，只听哗啦一声，涨了满满的一井水，把这虾蟆溢出井来，冲到一个潦池里。这虾蟆到潦池里，发了一会迷昏。往上一看，那天无边无岸；又往四面一看，那水也无边无岸。他也不知这是什么地方。那潦池里有许多虾蟆，都来探望，问他出处。他把井底世界夸了个厉害，说他那一国，只有他大，说来说去，才是井底之虾蟆。旁边听恼了一个没包涵的虾蟆，把他啐了一口。便说："你才是个井底之虾蟆。你那井底，观天不过有碟子大，下宽不过一弓，水多不过数桶，人物只有虾蟆，你就敢在潦池里炫大话？这潦池里宽有几亩，有鱼、泥鳅、黄鳝。这些不但你未见过，你都未必听过！"这一宗话，说得那虾蟆再不敢说大话。凡好说大话的人，个个内藏胜心。此时把虾蟆气得敢怒而不敢言。心里说，等我把这潦池中的事学明白了，然后再炫。果然数月把池中的事打听明白了。

那一日忽然下了一场大雨，水发了，把这虾蟆漂到河里去了。那河里的虾蟆，都来亲近。见他是远方来的，当他是高明上士，都来请教。他此

时不说井底里的话了,就把潦池里的世界说得天上有,地下无。说恼了那河里的虾蟆,把他褒贬了一遍,又说:"你那潦池里,有多大些地方,所有不过泥鳅、黄鳝。你并没有见过我这河里的鱼鳖虾蟆。"还说了许多名堂,这井底虾蟆从没听过,一样也不知,此时好生愧悔,轻易不敢向前说话。不日把河里的事,打听明白了。

那一天把他顺水漂到江里去了,他还当他在河里呢。他是平日好炫煌的物,又炫他河里怎长怎短,夸了一遍。那江里虾蟆说:"你做你的睡梦哩,你如今入了大江了。你那河里,不过有鱼鳖虾蟆。这是大江,有白鸡、赖都鼋,有千斤的大鱼。"还说下许多名堂。这井底之蛙,全然不知,从此再不敢说话了。日久在江里,把那诸物各样都学明了,江中之物无一不晓。

忽一日又把他漂到海里去了。这井底蛙此时见识长了,胆小殷勤,虚心领教。那海里虾蟆见他谦恭下士,要和他结拜弟兄,明誓发愿。井底蛙把他的出身,自己先说出来了。拜兄说,我不日要去朝老大王,把你带上,你见一见世面。

后来带他去见老大王,走至殿下,与大王叩头。大王问:"你是某海氏?"虾蟆说:"小的是井底虾蟆。"此时虾蟆微知事务,所以见大王,以实言告之。老大王又问:"你怎样得出井来?"虾蟆说:"至我记得,井中就有一物,身长不过三寸,腰细似乎绒线一般。我也不知他的姓名,我问他话他不答言。我两个同居三载,忽一日不知他有何法,只见他的身子一抖,涨了满满的一井水,把我溢出井来。只见那天上一红,打了一声霹雷,他的身子变了。上挂天,下挂地,腾空而去了。小的至今不知他是何物。所以顺水把我流在潦池里。潦池里水发了,又将小的流到江河湖里,以至于海。"把话学毕,又叩头愿求大王指示那是何物。

老大王说:"你本是井里长大的,少经少见。你和龙同居三载,你还不知是龙。"井底蛙说:"小的闻得龙在天上,井中焉能有龙?"大王说:"那是错行了雨,上帝降下罪了,所以打在井底受罪。你问话他不答言,他知道你没见过一点世面,因此他难与你答言。龙能大能小,大则挂天挂地,小则芥壳藏身。他的奥妙,你如何得知?有一等治世之高人,才可比龙,能大能小，能曲能直。所以孔子赞老子'其犹龙乎'。"井底蛙听毕，喜得抓耳挠腮，又问大王如今多大年纪了。大王说："吾三千岁了。"井底蛙说："大王高寿三千，宇宙之间，诸事诸物，该都知道。"大王说："宇宙甚大，我岂能全知？我在海里，天上的事，人间的事，我都不知道。东西南北，有四大海，我就知道东海这几件事，还有不知的甚多，那三海余全然不知。"井底蛙听了这一宗话，想起他当初对龙说的那四句大话，羞得就如瘫了一般。沉吟了一会，天理发现，这才说他本来的面目，方知盲人不觉日之明矣。

歌曰：
井生只知井里大，出井又说潦池大。游遍江河并湖海，遇着一位老大蛙。问他活了三千岁，他才说他没见啥。从此低心学聆教，再也不敢说大话。

（注：原文为竖排繁体字，本附文为笔者校点。）

明修都讲六骰堂

商明修（1877—1945），字涤斋，河北秦皇岛人。年少时从师刘印钟学习，刘印钟中过进士，在他的引导下，商明修渐渐博通经史，并擅长诗文辞章，曾考中过拔贡。1900年，庚子战乱，他逃亡到山东，在曲阜昌平山出家成为道士。道业初成后游历九江，得到定安禅师的点悟，又精通阴阳占卜术数之学。他经常往来于陕西关中地带，卖卜行医，讲学布道，名噪一时。民国初年，商明修到八仙庵常住，直至1945年羽化。他知识渊博，德行高洁，又见多识广，能言善辩，所以一直在八仙庵担任都讲，并在传戒活动中任过登箓大师。商明修对道教教义研究颇深，著有《道德经章句求解》、《气数元贞》、《六骰堂初稿》等。可惜的是，现在只有《六骰堂初稿》在龙门洞收藏，其他作品则不知下落。

按照十方丛林的制度，道观中监院以下设有的执事有"三都"、"五主"、"十八头"。都讲就是"三都"之一，主要负责讲解经典教义、监督诸事威仪，只有精熟典籍、道学深厚的道士才能担任。商明修大师三十多年来，一直在经学学习班上为道众讲解《道德经章句》等。他还把自己多年研究的成果编写成教材《陕西道教六骰堂发蒙解》、《道教古今一系源流》等，无私地传授给道众。

商明修的讲稿后被当时的八仙宫方丈马理效辑入了《六骰堂初稿》。这本书于1930年刊印出版，共约一万一千字，封面上题为"涤斋子商明修大师职八仙宫都讲时著"。收入《六骰堂初稿》的是商明修所创作的四个图解和两篇文章。

商明修用六骰子排解河洛周易，推演出四个图，分别是：道化经纬图、天地生腐图、阴阳度数表、有为日用图。四个图下面都有详细的文字说明。他用这四个图来解释道教教义，把老庄之学及各派主旨都包容在其中，自成一家之言，但是的确艰涩难懂，不是他亲自讲解就不容易理解。

两篇文章的第一篇题为《陕西道教六骰堂发蒙解》，主要内容是讲解道教的基本知识。首先介绍什么是道、什么是宗、什么是教等问题，还对道教一系列概念如太易、太初、太始、太素作了解释，说明道教推崇三清的原因，而且还提出了玄门进德修业、悟道求真的具体方法。接着对道教的一体二用之行，道藏的基本内容，道教的五乘之法、昼夜功课等内容，进行了明晰的解说。总之都是对初学者的入门引导。

第二篇文章是《道教古今一系源流》，主要梳理了道教的古今源流与传承。商明修认为道教从黄帝求访崆峒山广成子开始，黄帝得到广成子传授的清虚至道，后来由老子以《道德五千言》继承下来。老子有二十四位门人，主要的就是冲虚真人列御寇、文始真人尹喜、南华真人庄子，他们又都著有经书传于后世。之后是东华帝君领老子全真之旨，降世掌教，行持三坛戒律。以后又传于正阳帝君汉钟离、孚佑帝君吕洞宾、重阳帝君王喆。

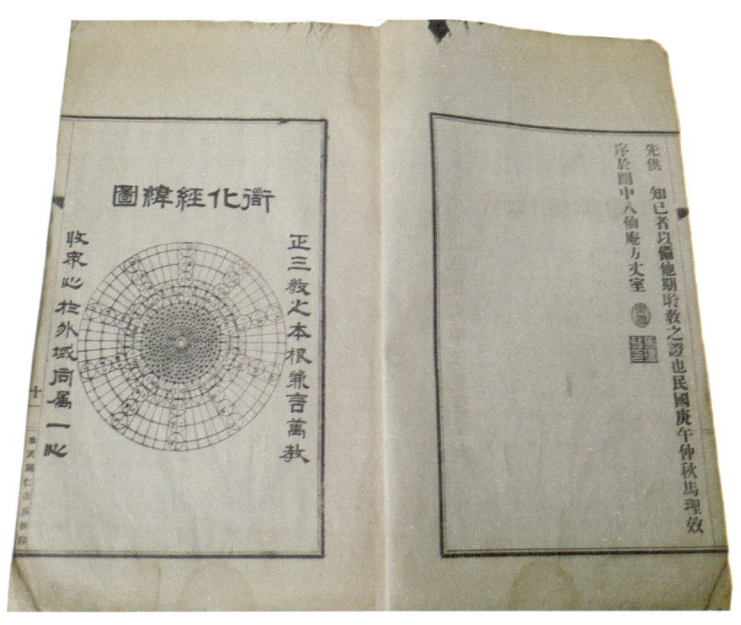

◎《六骰堂初稿》

王重阳在齐鲁力度七真,传于邱处机。邱处机创建龙门派,演说三坛大戒,确定法脉,如法代代接传。这篇文章实际上就是对全真道思想渊源以及传承发展的一个总结,包含商明修个人的一些见解,对他所面对的初学者来说,也是一门重要的课程。

商明修作为都讲,一贯以身作则,他在日常功课中严于律己,他曾说:"我之功课,不拘坐静诵经,第一昼夜,必按子、午、卯、酉之四时也。夫卯时之经,必诵清静普化,以分轻清之义也;酉时之经,必诵拔生救苦,以济阴凝之义也;午时之经,必诵三官赦罪解厄消灾,取午火消阴,主杀伐之义也;子时之经,必诵高上玉皇,为合助道力,增补神灵之义也。此我昼夜之功课也。"从这里可以看到,商明修持戒精严,日常诵经也严格地执行时间、内容上的精确规定。

《六骰堂初稿》除了商明修大师的作品外,还收录了刘沅的《正伪》、《问道对》两篇文章。关于刘沅,在这里也简单介绍一下。

刘沅(1767—1855),字止唐,一字讷如,号清阳居士,四川双流人。清代著名学者、宗教家、教育家。他的学术思想以儒学元典精神为根本,融道入儒,会通禅佛,所以有人评价他"以其一生行事及其等身著作之内容性质而言,则称之为道化儒家可,称之为儒化道家亦可"。刘沅是历史上罕见的被人奉为教主的学问大家,不仅创立槐轩学派,后学不绝;还形成民间宗教派别刘门教,大兴慈善与教育事业,名震一时。据说,刘沅青少年时期身体羸弱,自觉不久于人世。后来偶遇道士野云老人,得到"存神养气"的口诀,勤加修炼,竟然老当益壮,生有八子,直至88岁高龄才离世。与野云老人的相遇,不仅让刘沅在健康方面受益,也对他汇通儒道的学术研究产生了启发作用。

马理效把刘沅的文章也收集在《六骰堂初稿》中,大概是因为他仰慕刘沅的学识,而商明修也曾经把这两篇文章当成讲稿使用过。这部文集,为八仙宫留下了珍贵的文化遗产。

全真道乐演正韵

道教音乐是道教艺术的重要形式，也是道教文化乃至中华民族传统文化的有机组成部分。道教音乐大都是通过师徒之间口口相传的方式沿袭下来的，因而充满神秘性，保存了古朴性，但也非常容易失传。八仙宫历代擅长全真经韵的高道也不少，例如高功王世南、赵理忠，斋醮大师闵智亭等。

闵智亭道长多才多艺，对道教科仪音乐尤其有深入的钻研。他长期关注全真经韵资料的收集，不仅熟悉清末四川成都二仙庵《重刻道藏辑要全真正韵》，还精通一些散落在各个宫观的道教常用经韵。1990年，闵道长发心把他所收集整理的经韵乐谱公之于世，得到武汉音乐学院道教音乐研究室的大力支持，他们合作整理出版了《全真正韵谱辑》一书，该书收有68首经韵，是中国道教学院的教材。

古代的道教斋醮科仪所用的乐曲，因为是古法记录，又是封闭式传承，所以到了现代往往不能学唱。而闵道长出版的这本《全真正韵谱辑》，使用简谱记

◎《全真正韵谱辑》

录，这就改变了道教经韵口传心授、易于失传的状况，对道教音乐的传承与发展有着重要意义，是中国当代道乐史上的一件大事。闵道长也被誉为"承上启下"的道乐传人。

道教音乐主要是用于宫观中修持、诵经等日常功课以及法事活动的经韵，也是中华民族音乐的特殊变种。直到明初，道乐主要是沿用宋元时期的民间曲谱。但经过历代五湖四海的道士们的创作、加工、发挥及传唱，渐渐在形式、内容等各方面形成了道教自己的特色。全真道乐的传承虽不能明确考证其源流，但从道藏记载中可以看出它由来已久。

全真道乐通常可分为阴韵和阳韵。阴韵主要是用于祭孤、荐亡、施食等外坛道场的，曲调一般悠远缥缈、清越婉转，给人以超凡脱俗的感受；阳韵主要用于诵经、拜忏等内坛道场，多有劝人精进、导人向善的内涵，音调平缓柔和、娓娓如诉。

西安八仙宫的道乐直承闵道长的正统十方经韵，兼具地方性的秦音特色。它的整体特色是朴素平易、庄重雄浑、优雅飘逸，既保留了不加修饰的原始风貌，又展现出道教崇尚自然、物我两忘的空灵境界。演奏用的法器，大多是民间音乐所常用的打击乐器，比如铙、钹、鼓、木鱼、铃等，当然也使用管、箫、笛、笙之类的管乐器和一些拉弦乐器、弹拨乐器等。

以八仙宫晚课音乐为例，让我们随着专业人士的介绍分析，来欣赏一下优美的全真正韵吧。据蒲亨强先生的文章介绍，晚课音乐是一组曲牌连缀的套曲。各个韵腔的曲调通常使用抒咏性的唱腔和口语化的吟诵，吟诵内容主要是比较长的经文，在不

◎ 道乐表演

同曲牌间穿插过渡性的音调，自然连贯，统一协调，使整个套曲成为一个有机整体。

晚课音乐的演奏乐器以笛、箫、二胡、弹拨乐器等丝竹乐器为主，音色清雅。并以钟、铃、板、鼓等打击乐器来演奏引子和尾声，展现出打击乐的特殊表现力，与主奏乐器相互呼应，营造出清雅玄奇的气氛，余韵悠长，耐人寻味。

在全套曲的速度和调性安排上，晚课音乐也是别具匠心的。据说，全套曲的速度以中速偏慢为主，曲间过渡自然顺畅，显得四平八稳，但在全套曲长度的"黄金分割点"上，速度陡然加快，之后吟诵的腔调也跟着加快，表明此处是吟唱者精心营构的高潮之所在。然后才逐渐在悠缓的旋律中结束全曲。而且这组套曲在唱腔和吟诵之间安排了考究的调性变化，打破了曲调的单一性，加强了旋律的动感和新鲜感。整个套曲，节奏疏密相间、变化丰富，旋律圆润流畅、行云流水，风格从容典雅、深沉细腻，气氛幻化飘逸、凝重肃穆，充分地表现了宗教的殿堂特色。

单从乐器上来讲，八仙宫最为著名的是铙钹打击乐，其节奏明快、变化多端、密度高难，被誉为"水泼不进"。据说，演奏高手甚至可以在敲击过程中"飞铙飞钹"，也就是将铙钹抛向空中，双手变换动作。而且还有不少花样，比如："回马枪"、"凤凰三点头"、"狮子大张口"、"十三花"等。另外，鼓乐也是八仙宫道乐的一个重要特色，主要用来表现风、云、雷、雨、电、雹、冰、霜、雾等自然声响，作为道教十方丛林每日开静、止静的号令。

现在，八仙宫除了观内举行宗教活动会演奏道乐之外，为了满足广大香客举办各种法事的需要，也会进行小型的演奏。所以，在八仙宫，道乐几乎天天上演，清雅的旋律不绝于耳，对其他游客也有潜移默化的影响。

八仙宫在庙会期间，也会为游客们准备道乐表演的节目，形成了比较固定的节目单。节目包括四个部分，第一部分是"黄冠朝元仪"，这是道教丛林朔望云集、出坛朝真时增强威仪效果的乐曲，体现道教崇尚和平、热爱生命的精神。第二部分是道乐大合唱，包括混元赞和七御高真两个曲目。

第三部分是道教打击乐，主要有鸭子上架、快澄清、干倒拐三个曲目。鸭子上架是一首颇有趣味的乐曲，讽刺那些不合理法、行事生硬的人，乐曲中呈现出人吼鸭叫的场面，非常生动有趣。第四部分是器乐独奏，包括二胡独奏幽冥韵、埙独奏澄清韵，表现了特殊的宗教氛围和教义内涵。

无论是法事演奏还是世俗服务演奏，八仙宫道乐都主要是借助音乐这种艺术形式，来表达修道求道者对无上大道和神灵的崇敬和虔诚，表现崇尚自然、向往和平、齐同慈爱的崇高妙境。

八仙宫道乐堪称人神共娱，天人合一！

以武护庙留传奇

八仙宫作为全真道的十方丛林，往来挂单的道众非常多。历史上，不乏藏龙卧虎之士。其中，身怀绝技的武功大德层出不穷。据孙善银先生的文章介绍，八仙宫曾经发生过一段"以武护庙"的传奇故事。

清末民初，曾经有一位号"元石先生"的终南山道士，在八仙宫挂单。他是山东曹州人，生于公元1840年，即清道光二十年，是公元1862—1874年，即同治年间的秀才，后来出家修道。他在八仙宫住庙十年，一直沉默寡言，谁也不知道他有什么本事。有一次，偶然一显身手，大家才知道原来他是位武功高手。后来就有很多人拜他为师，学习武艺。他先后收了六十多个徒弟，有玄门弟子，也有俗家弟子。其中比较有名的是善玄、逢玄、信玄、瑞玄、宗玄等人。

1926年，杨虎城困守西安，冯玉祥派兵帮忙解了围。可是，冯玉祥笃信基督教，所以在西安大肆拆庙。这一天，就拆到八仙宫来了。当时，元石先生正与几个弟子在后院讲经说法，忽然听到山门外吵吵嚷嚷。他们赶紧跑过去，只见有二十多个士兵正在搭梯子准备拆山门。门首的道长们阻止不住。元石先生大喝一声，士兵们也不理会。这时元石先生的一位高徒善玄便暗暗地发出了几粒"天罡七星"弹丸，打在山门前铁旗杆基座棱柱石上。只觉得银光一闪，随着"当"的一声脆响，士兵们惊得手足无措。道众乘机掀翻了梯子。士兵们拿着铁锹、镢头胡乱挥动起来。大家怕有闪失，就护着元石先生退回庙里。

而元石先生的几位弟子就在山门外与这些士兵打了起来。其中，逢玄刚才在后院听师父讲道时，顺手采了莲花池中一柄莲叶，没想到这时派上了用场。他舞动莲叶，使了一招"仙姑点莲"，挥得士兵们眼花缭乱。又使

◎ 练武场景

一招"湘子挂箫",士兵们的"武器"不知不觉地就脱了手,一个个被打得东倒西歪,鼻青脸肿,不敢再上前来,逃回军营叫援兵去了。

冯玉祥的部队本来就设置了武术科,延请不少武林高手担任教官,从没想到自己的士兵会吃亏。一听说八仙宫竟然有人以武护庙,这几位哪里坐得住?还不到中午,他们就又带着二十多人来到八仙宫,双方对峙起来。这事儿闹大了,当地的官绅商贾赶忙进行斡旋。冯玉祥虽然最终同意不再拆庙,但是这些教官心中不平,非要与元石先生过招决一胜负。为了保证八仙宫和道众们的平安,元石先生只好答应。

在这场比武中,冯玉祥的教官们以实战的各类形拳出场,而八仙宫善玄等五人各以"五行归元"中"一行"对阵。最终,除宗玄与一位武术教官打成平手,其他四位都在三招之内制伏了对手。从此,这些教官及士兵们再也不敢来八仙宫闹事了。此事一时传为美谈,有人写了一首诗赞曰:"玄门子孙持善念,银丸数枚定玄关。赵宋开山数千载,妙高峰上大罗仙。济世度人利群生,信似江蛟护舟船。得法董道临仙界,瑞光祥云山门煊。灵官伏魔荡三界,巍哉妙哉八仙庵。"

八仙宫流传下来的武术功法,就是在元石先生师徒这样的高道大德的传承下,渐渐积累完善起来的。现在独有的八仙武术功法系列,贯穿了道家"上善若水"的价值理念,融汇了八仙信仰的精神内涵和中国武术的技法精华,意趣盎然,独具特色。例如"湘子挂箫十三势",招式口诀写道:"童子指月八仙聚,铁拐回杖断龙头,洞宾剑气逼日月,仙姑采荷点莲头,钟离挥扇仙风动，张老骑驴倒回头，国舅足下走八卦，采和挑篮压过头，回头再望韩湘子，斜托横箫定鳄头。"在习武者行云流水、神采飞扬的实际演练中，吕洞宾的大气轩昂、张果老的自然闲适、曹国舅的散淡优雅、汉钟离的闲散自在、何仙姑的轻盈灵妙、韩湘子的儒雅潇洒、铁拐李的犀利刚健、蓝采和的轻快和畅，被表现得惟妙惟肖，淋漓尽致，堪称仙影神迹！还有纯阳天罡剑、八仙神杖、八仙手、仙人抻筋等功法，都是以武术表现八仙的功德和弘扬八仙文化。

八仙宫还流传着一套"童子十课"，是结合青少年的心理、生理特征，根据道童每天必须进行的十项日常工作而编创的，包括披衣、拂尘、启户、闭门、上香、抱琴、捧剑等动作，既具有道教特征，又富有生活气息。一般来说，武术门类里的"童子功"，其特征是柔缓轻快，适合青少年习练；同时还有一层含义，就是习练此功法可以达到像童子一样永葆青春的效果。八仙宫的"童子十课"也是这样的。

总的来说，八仙宫武术讲究"习水之德，练水之能"，以静制动，以外辅内，形神并重。既注重训练功法，又强调培植武德。八仙宫历史上，武技超群的道长层出不穷，但大都很低调，不为人知者更多。坊间的居民中还有一些口传故事，提起"踩莲越池"、"登壁挂檐"等招式的时候，仍然津津乐道。现在，经过八仙宫的搜集整理，其武功技法得到保护和传承，相信日后更能发扬光大，造福社会！

梅兰清芬墨中开

八仙宫出过两位著名的画家，一位是闵智亭道长，善画兰草；一位是孙明瑞道长，喜染墨梅。他们的画都彰显了高雅的宗教意趣和情怀，因此广受赞誉。

◎ 闵智亭兰花图

闵智亭道长年轻时到南方云游，学习了绘画、音乐、天文、诗词等技艺。其中，学画是他的重要经历，在杭州玉皇山福星观他拜了周济道长为师学画。周济道长号清白道人，曾经在公元1871—1908年，即光绪年间，做过知县，后来看破红尘，出家修道，潜心作画，书画造诣很高。周道长见闵智亭谦虚好学，就尽心地传授了自己毕生所学。

闵道长广泛学习书画技法，但学有所专，尤其擅长画兰草。他画的兰草仿若出自深谷，形神兼备，气韵生动，自成风格。另外，他也喜欢画山水、仙鹤、道教人物等，抱有深深的道教情怀。北京白云观收藏有他的《紫气东来》和《晨曦》，还有一幅《华山苍龙岭》被收入《道德墨林》画集。

闵道长多才多艺，自不必说，

我们再来看看孙明瑞道长和梅花的不解之缘。

孙明瑞（1944—2010），俗名孙清泽，河北省威县芦头村人。抗日战争时，为了逃避抓壮丁，流亡到山东，1944年在山东东平县（今梁山县）安山镇七神堂出家。因为听说陕西道教支脉不绝，道风隆盛，心中常怀仰慕之情。1946年他来到了陕西，在八仙宫、楼观台常住。晚年任河北省道教协会名誉会长。

孙道长最早是临摹已故师爷臧永范的梅花画作而入门，并由此入了迷。臧永范，号超凡，善画山水花卉。孙道长的梅花神韵空灵，以重墨形成独特的风格，故号"墨道人"，而且他还擅长写诗，也主要是为了咏叹他喜欢的梅花。

孙道长的造诣不是一天两天练就的，他为了学画下了非常大的工夫。孙道长曾经向西安著名画家陈瑶笙、何海霞等前辈求教，系统地学习了传统绘画艺术技巧。后来经陕西省美术协会的何海霞介绍，他到西安美术学院（当时是美术专科学校）做花工，经常接触到一些美术教授，并因此结识了美院著名教授罗铭先生，他勤学苦练的精神赢得了罗教授的赞赏，罗教授便随时随地给予指点。这一时期，孙道长积累了许多学习经验，画技得到了很大的提高。

但孙道长并不满足，后来又到楼观台国营实验林场当花工，通过亲手种植梅花，仔细观察琢磨梅花的姿态韵味。梅花种了一千多株，画儿也不知画了多少幅，终于练就了高超的画技。他笔下的梅花，或苍劲凝重，或轻灵妩媚，或龙飞凤舞，或雪魄冰魂，姿态各异，神韵独具。而且，孙道长画梅，还结合了道家修炼的特色，常常在午夜打坐入静完成之后，才提笔作画，一气呵成，所以有人赞叹他的梅花画是"取天地之清气得来"，称他是"梅花圣手"。

孙道长的画先后七次在全国获奖。1989年，全国"金龙杯"书画大奖赛在西安举行，孙道长获得了二等奖。当孙道长身着道袍、气定神闲地走上领奖台时，台下传来一片惊讶赞叹之声。后来，加拿大的蒋丽德写信给孙道长说："你可算最成功的当代中国画家，无论是笔法、布局及意境，

◎ 孙明瑞梅花图

皆能代表中国传统，但另一方面又有创新。特别你展出的几幅，气派太磅礴了！"日本的笹石清峰也来信赞叹："我觉得先生的画可真是美极了！"画界还有人评价他画的梅是"绝无繁琐千万朵，仅有传神两三枝"。在这些纷至沓来的赞誉面前，孙明瑞并没有骄傲，而总是把它们视作同道中人的真诚鼓励。为了不负众望，他总是不骄不躁，孜孜不倦，告诫自己要再接再厉。每到冬季农闲之际，孙道长还会利用闲暇，深入崇山峻岭、古观园林之中去写生，从不畏艰难险阻。

孙道长画梅，是因为他非常喜欢梅花，敬重梅花傲雪临霜的高洁风骨，常常以梅为师。作为一名虔诚的教徒，他一生严守规戒，以庙为家，生活朴素。有的海外朋友想要高价买他的画，他都拒绝了，但却慷慨地捐给国家及各处上万幅画。他偶尔卖画所得，也都交给道观，自己一向分文不留。他常以《清白传家》自勉："清白传家古人云，不邪不歪正中人。常行不殆持到底，清史名册万古存。"他的作品有的被国家艺术单位收藏，有的选赠日本、美国、加拿大等外国友人，有的被刻石陈列。北京白云观、武汉黄鹤楼、庐山仙人洞、西安宾馆等，都悬挂着他的巨幅梅花。但大家回忆说，孙道长的全部私产，不过是一领道袍、几支画笔而已。

孙道长性格沉默恬静，不喜言谈，但他不仅画技高超，而且诗词精妙。他用无言的方式表达自己的志趣与情怀。

附：孙明瑞诗词选录

一

铁骨发新枝，迎风花自开。
琼宇玉龙舞，香自苦寒来。

二

历尽寒冰苦，不受群芳妒。
风来雪代香，花飞助雪舞。

三

春报到梅枝，疏影落砚池。
挥笔涂雪花，围炉又赋诗。

四

贫道平生性孤寒，画枝梅花做侣伴。
提笔又怨蜂蝶害，挥毫飞风合自然。

五

夜半寒风香醉人，梅放家家才知春。
牧童睁开朦胧眼，错认梅图是桃林。

六

笔墨虽丑性天然，不为群芳争美艳。
板桥卅载只画春，贫道四十广写寒。

七

每向庚岭抖精神，争先开在小阳春。
不为桃李争颜色，常吐清香伴诗人。

八

曲直刚劲持本性，不为群芳争美容。

香飘太空九万里,南冥路上醉大鹏。

九
百花之中梅占先,疏影暗香冒风寒。
朵朵如玉悬枝上,群株花中第一仙。

十
寒梅生来铁石心,相爱寒士似故人。
感情深至四十载,寒来寒去一样贫。

十一
不会画梅胡画梅,笔多意少乱成堆。
君问为何丢此丑,吾消光阴避是非。

十二
为迎早春放幽香,绿叶三两助淡妆。
只恐美人来攀折,高登悬崖呈万芳。

仙宫本非人间景

道经中都说，宫观是仿照天上宫阙而建成，不仅为了迎接神仙降临居住以便供奉，也为修道信教者提供了亲近神灵的空间。所以，道观的环境追求庄严整肃、清雅优美，八仙宫亦是如此。如今，无论道俗，一踏入八仙宫山门，顿觉远尘忘忧、逍遥欢喜，何妨当半日神仙呢！

敕修山门壮声威

要来八仙宫游赏,首先从长乐坊穿过,远远地就能看得见高大气派的照壁和牌坊,从夹于两牌坊之间的文物市场穿过,就来到了八仙宫山门前。照壁、牌坊、山门,一开始就给人一种神圣庄严的感觉。当然,知道它们来历的人们,都知道八仙宫是因为它们才由"庵"升格为"宫"的。这就要说说八仙宫和慈禧太后的历史缘会了。

据《西安府志》记载:八仙庵在长乐坊,相传宋时有郑生见八仙显化

◎ 八仙宫旧牌坊

于此，公元1506—1521年，即明正德年间，复显于管氏场圃，因建殿，又雷自庵发，增建雷祖殿于庵前。庵，现在普遍用于对女性出家人所住场所的称呼。其实，庵的本义是指一种草，晒干后可用以盖房，于是引申为草舍。从史籍记载和最初的命

◎ 敕修题额

名可以看出，八仙庵最初应该规模不大，也比较简陋。但这座狭陋的道庙，后来的发展却不同凡响。根据庙内所存的几通清碑，我们可以了解到八仙庵在长期的曲折发展过程中积淀了深厚的文化功能和重要的历史地位。正因为如此，它在清末乱世中赢得了一次来自上层的特殊优渥。

公元1900年，即清光绪二十六年，是中国农历庚子年。西方列强借口义和团运动向清政府施加压力，慈禧太后被迫宣战，但连打败仗，八国联军攻入北京，史称"庚子国变"。慈禧带着光绪一路西逃，美其名曰"两宫西狩"。这次逃亡最终落脚在西安。慈禧即于此时与八仙庵结缘，并在八仙庵留下了一些遗迹。在八仙庵，慈禧正式接见了八仙庵当时的监院李宗阳。因为赏识李宗阳，所以曾经赐书"玉清至道"，赐额"洞天云笈"，御赐玉冠紫袍以及"打死人不偿命"的御棍。光绪皇帝也曾赐额"宝箓仙传"。"玉清至道"现在悬挂在邱祖殿前。其他匾额不幸已遭毁坏。

清末统治者对道教的总体政策是压制的，但他们也笼络道教的一些重要人物以实现一定的政治目的。慈禧曾经利用北京白云观实现了其掌握实权的心愿，但对于八仙庵，她更多的是为了寻求精神安慰。有不少资料对慈禧当时惊慌、恐惧、焦虑、悔恨等心理和情绪状况有详细描述。在当时的西安，只有八仙庵能让她享受到片刻的宁静，她曾在八仙宫拈香赏花，

留下一幅牡丹中堂,题诗为:"国色从来比西子,天香原不借东风。"可惜原画也遗失了。

李宗阳是一位有见识的道士,他乘此机会争取了敕修八仙庵的名义和经费。《咸宁长安两县续志》曰:"明年辛丑,回銮暂憩而去,从内务府大臣继禄之请也。……颁内帑银一千两建修山门,又给建坊银一千两。"八仙庵碑记也记载:"八仙庵亦蒙赏内帑千金,交总管内务府大臣工部左传郎臣继禄,发给道士李宗阳,增修牌楼。"山门、牌坊完工之后,李宗阳通过陕西巡抚升允上奏恳请慈禧特赐"敕建万寿八仙宫"字样,得到批准。升允在奏片中陈述了八仙庵的重要地位,说:"八仙庵为关中第一丛林,自唐开元敕建,历宋元明,时加修葺,逮我朝康熙十四年重修,增建孚佑帝君专祠。嘉庆十年,复加封燮元赞运孚佑帝君,增入春秋祀典。自是神庥广庇,有益民生。"又表示现在虽然庙貌丰新,但还只是沿革前代的规格,所以恳请"特赐敕建"。结果自然是"朱批依议钦此"。

◎ 山门

慈禧还遣派陕西左翼副都统克蒙额致祭，巡抚升允题坊额"宝慈崇福"，同时，在牌坊对面还增建了一个照壁，上题"万古长春"四个大字。慈禧的敕修是八仙宫历史上一次最高规格的修建，完备了八仙宫的建筑格局，为八仙宫壮大了声势。慈禧又传旨李宗阳开坛演戒，这在一定程度上也振奋了当时以八仙宫为中心的道教活动。

现在八仙宫的照壁、牌坊、山门，都是"文革"后修复的，但风格犹存，望之生敬。

扶正压邪灵官殿

一般的道观第一重大殿就是灵官殿。为什么要设置灵官殿？这就要了解一下殿内主神灵官的来历了。

灵官本来姓王名善，是宋代徽宗时期人。他从小羡慕法术，后来拜在萨守坚门下学习。但是王善却是因为自己的一位传人周思得才出了名。

先来说说萨守坚。萨守坚是西蜀人，他以前是学医的，有一次给人看病，开错了药方，病人死了。他从此弃医学道，后来精通道术，号萨真人。

◎ 灵官殿

当时，萨守坚决定找有名的高道张虚静、林灵素和王侍宸拜师学艺。张虚静是第三十代天师。拿定主意，他就日夜兼程地赶往长安。

有一天他遇到三位道士，便结伴而行。三位道士问他去长安干什么，他以实相告。三位道士痛惜地告诉他："我们就是张天师的朋友啊，你要找的这三位高人都已经羽化了。"萨守坚听了，悲痛不已。忽然他又想起了什么，问道："那么三位天师还有没有传人，和他们的徒弟学习也可以呀！"三位道士见他决心这么大，就写了一封信，介绍他去江南投奔天师的徒弟。萨守坚这时面露难色，道士问他怎么了？他说："我现在身无分文，只怕不能坚持到那么远呀！"一位道士说："这有何难？"叫他靠近，对着他的耳朵说了几句。原来这是授给他几句咒语，可以变出枣子来，卖钱谋生。另一位道士也告诉他几句咒语，说是可以呼风唤雨。第三位道士送给他一把扇子，说可以治病救人。

萨守坚千恩万谢，告别三位道士，赶往江南。他披星戴月，经历千辛万苦，终于找到了信中所说的张天师传人。不料，传人拆信一看，告诉他说："你在路上所遇的三位道长，正是张天师、林天师和王天师啊！"萨守坚责怪自己有眼不识泰山，但也自喜已经得到了天师真传，于是刻苦修炼，渐渐精通方术，名声大显。传说后来被玉皇大帝封为"天枢领位真人"。

王善正是萨守坚的一个徒弟，他非常精进，学到了师父高深的法术，但是一直并未出名。不知道传了几代人，到了公元1403—1424年，即明朝永乐年间，有一位叫周思得的道士来到京城，自称是王善的传人。而他的法术非常神通灵验，在京城很快出了名，官员平民，人人追捧。当时的皇帝朱棣召见过周思得后，非常赏识他。周思得请求建造天将庙和祖师殿，朱棣答应了。在天将庙里塑造了26位神像，王善就是第一位。另外25位大概就是周思得之前的传人吧。

后来，在公元1426—1436年，即宣德年间，明宣帝把天将庙改为火德观，并诏封萨守坚为崇恩真君、王善为隆恩真君，还建造了崇恩殿和隆恩殿用来崇奉两位真君。公元1465—1487年，即成化年间，明宪宗又把火德观升格为显灵宫，每年四季为二神更换袍服，三年一小焚化，十年一大焚化，复换新袍服，珠玉锦绮，所费不惜。而且，每年到了皇帝的生日、正旦、冬至及二真君圣显之日，皇帝都派官员致祭。

这样，从明朝开始，王善的声威越来越显赫。而王灵官之名在民间也渐为妇孺所知。民间形成传说，王灵官是玉皇大帝的守卫，是天庭二十六天将之一。灵官是火府天将，有特殊的勇力，能够保卫百姓，因此广为崇奉。民间还认为灵官是天上的纠察之神，所以形成习俗，在道观的山门塑造他的神像，或者在山门内专建灵官殿，希望借助灵官的神威扶

◎ 灵官像

正压邪，清静山门。

另外，灵官左右往往由青龙白虎护持。这起源于我国古代四方之神的传说。按照"二十八宿"的说法，东方七宿被喻为龙，西方七宿被喻为虎。再按照五行理论，东方配以青色西方配以白色。所以东方神是青龙，西方神是白虎，他们都属于方位保护神。古代军队常把青龙白虎画在战旗上，保佑军队常胜不败。青龙白虎等纳入道教护卫之神的系列，与王灵官共守庙宇。

八仙宫的灵官殿也具有这种宗教内涵。灵官殿正面的门扉都由木雕图案构成，十分精美。大殿的楹联是："纠察三界神人铁面无私临破胆，赏罚九天善恶赤心辅政对生寒。"尽显王灵官的赫赫声威。殿门正上方悬挂着"其道光大"的匾额，是我国著名书法家邵力子先生题写的。

殿内侍奉王灵官神像，造型逼真。你看他火红的头发、火红的眉毛、

火红的胡须，正表明他火府真君的身份。王灵官也有三只眼，其中中间的天目向上直视，象征他对天界诸神有纠察之职。他的牙齿尖利，像锯齿，又像狼牙，看了令人生畏。王灵官身披金甲，一手持银鞭，一手握金砖，金砖上还有一只眼睛，向下俯视，表示纠察地狱。他的一只脚直立在地上，一直脚下旋转着一只风火轮，一看就不敢靠近。真个是威风凛凛，霸气十足，怪不得能够降伏一切妖魔鬼怪呢。东侧是青龙神像，西侧是白虎神像，也都威武刚毅，栩栩如生，不过形象不如王灵官那样凶恶。殿内墙面上画了精美的诸天众神壁画。

人们走进八仙宫，先入灵官殿。灵官是不是一面驱赶着鬼怪精灵，一面也能吓退某些人心中的不善之念呢？

宝箓仙传共尊位

八仙殿是八仙宫的主殿，位于正院的中心，雕梁画栋，古色古香，淳朴厚重。殿门上悬挂着清光绪皇帝御笔"宝箓仙传"的匾额，当然现在这个匾额是仿制品，原物已在"文革"时毁坏了。

八仙殿有两副楹联。第一副是：

桂殿仿琳宫珠箔银屏百二关河凝瑞色
典章垂柱下琅函玉轴五千道德著名言

◎ 宝箓仙传匾额

第二副是：

暮鼓晨钟警醒尘凡黄粱梦东华传道钟离授诀广垂慈度
朱鱼清声朗咏步虚赞洞玄全真阆苑琳宫新辉共仰仙踪

八仙殿的前面，竖立着两座高大的砖壁楼。西侧壁楼内镶嵌着《重修西京万寿八仙宫碑记》，此碑就是1938年唐旭庵监院在杨虎城和邵力子帮助下重修八仙宫的纪念碑；东侧的是李宗阳方丈为慈禧太后立的万寿碑。这两块碑是历史的幸存物。

八仙殿内供奉东华帝君及八仙，九尊神像并排而坐。东华帝君坐于大殿中央，八仙分坐左右两边：从中间向两边，右边依次为汉钟离、张果老、铁拐李、韩湘子；左边依次为吕洞宾、蓝采和、曹国舅、何仙姑。神像面容和善、安详庄严。

东华帝君是统管诸位神仙的尊神，他的化身王玄甫又是汉钟离的师父，而吕洞宾得道于汉钟离，正是这种师承关系，所以他们被共尊一殿，同享人间香火。

东华帝君，是道教尊神之一，也叫东王公，关于他的传说很多。战国时期，楚地信仰太阳神"东皇太一"，又号"东君"，传说就是东王公的前身。晋代葛洪则说东华王公是元始君与太元母所生的天皇，号"日元阳父扶桑大帝"，长着十三个头。《仙传拾遗》中说他是青阳之元气，在万物之前产生，还描述了他的装束，戴着三棱柱形的帽子，穿着九彩云霞织成的衣服，也号"玉皇君"。《真灵位业图》把他排在上清左位，号"太微东霞扶桑丹林大帝上道君"，显示了他与太阳神的渊源。

《酉阳杂俎》和《列仙全传》中则给东王公安上了名姓，说他姓倪字君明，生于碧海之上，苍灵之墟，在东方主理阴阳之气，创生万物。后来又演变为与西王母共同掌管仙籍的尊神，《尘外记》和《列仙传》中就说他住在方诸山上，山上有一座东华台，东华帝君在每个丁卯日登上东华台，四处探望，鉴别学道者的品级。在凡间学道求仙的人，会被分成九品，他们

◎ 东华帝君像

升仙时,都要先拜望东王公,后谒见西王母,然后才能上天参拜三清、太上和元始天尊。汉代曾有歌谣唱道:"着青裙,入天门,揖金母,拜木公。"说的就是这个传说。总之,东华帝君是一位处在最高阶位的神灵。

后来,全真道在传承过程中,出现了一个向前追溯渊源的谱系。《金莲正宗记》中声称,全真道的教义是始自太上,太上传给金母,金母传给白云上真,白云上真传给王玄甫。王玄甫又是汉钟离的师父,汉钟离度化了吕洞宾,王重阳又从吕洞宾的传人那里得到秘文而成道创教。因此全真道奉王玄甫为北五祖的第一祖。而根据《续文献通考》记载的传说,东华帝君姓王,但不知他所生的年代,名或号为玄甫。这里,王玄甫又被等同为东华帝君,所以道教往往把这位祖师以东华帝君的形象塑造成神像加以供奉。

王玄甫（？—345），名诚，汉代东海（今山东兖州）人。自幼喜好仙真之学，在白云上真的引导下开始修道，从白云上真那里得到青符玉箓、金科灵文、大丹秘诀，学习了周天火候和青龙剑法。他先后住在昆仑山烟霞洞和五台山紫府洞天修习，韬光养晦，和光同尘，不为人知。王玄甫还曾学道于赤城霍山，服食了青精石饭，学到日精丹景之法，据说可以内观五脏。传说他在人间数百年，没有一点衰老的迹象。

后来王玄甫到终南山，在凝阳洞为汉钟离传授了长生真诀、金丹火候、青龙剑法，让他弘传道教，其后形成了钟吕金丹派。光绪所题的匾额"宝箓仙传"应该指的就是这种传承关系。王玄甫还常常背负双剑，行侠仗义。传说他要除恶扬善时，会运太极真一之气，使双剑腾空飞起，完成任务后剑会自动飞还。王玄甫这样救人济物，感动了上天，所以在公元345年，即晋穆宗永和元年，白日升举，被称为"中岳真人"。元世祖时敕封他为"东华紫府少阳帝君"，元武宗时被加封为"东华紫府辅元立极大帝君"。后来有人写诗赞叹他："隐隐龙楼霭瑞霞，风流紫府少阳家。昆吾高耸光千丈，初放全真第一花。"

据《历世真仙体道通鉴》记载，王玄甫所著文辞隐而不传，但有一首诗很著名：

> 华阳山里名芝田，华阳山叟复延年。
> 青松岩畔高柯下，白云堆里饮飞泉。
> 不寒不热神荡荡，东来西往气绵绵。
> 三千功行好归去，休向人间说洞天。

神仙风采，世代传扬，令人不禁心向往之。

紫光夫人位斗姆

许多道观都有斗姆殿,供奉斗姆及星君。这都是有来历的。

《玉清无上灵宝自然北斗本生真经》中说道:古代有个国王名叫周御,圣德无边。他的妃子叫紫光夫人,聪颖过人、慈悲善良。古人都认为多子多福,紫光夫人也不例外。她希望周御的江山社稷能够得到辅佐和巩固,所以发誓要为夫君生九个儿子,并把他们都培养成圣贤之人。有一年春天,阳光明媚,百花争艳,紫光夫人在御花园的莲花池中洗浴,忽然有所感应,就怀了孕。不久后,一连生下了九个男孩,终于实现了愿望。这九个孩子,第一位是天皇大帝,第二位是紫微大帝,后面七个就是北斗七星,分别叫贪狼、巨门、禄存、文曲、廉贞、武曲和破军。

斗姆,也写作斗姥,传说她主治中天宝阁,普垂医治之功,所以全称为"中天大梵斗姆元君"或"中天北斗七星元君"等。斗,指北斗众星;姆、姥,同"母"。道书《太上玄灵斗姆大圣元君本命延生心经》称:"斗姆为北斗众星之母。"显然,斗姆信仰起源于古人的星辰自然崇拜。《度人经》中认为:北斗落死、南斗上生、东斗主算、西斗记名、中斗大魁,总监众灵,人能礼斗朝真,即可消灾解厄,增寿延年。这些星斗对人类有非凡的功德,所以被奉为神明,紫光夫人这位众星之母自然也获得了崇高的尊奉,比群星更尊贵。

八仙宫的斗姆殿在八仙殿后面。斗姆殿周围用红漆木栅栏围护着,两棵古柏屹立殿前。右山墙内侧镶嵌着公元1832年,即道光十二年刻的"八仙庵十方丛林碑记"。左右两边墙头上有石刻"百寿图"、"百福图"各一幅。殿前红柱上悬挂着两副楹联,一副是:"斗转中垣赐庶民以敛福,坤为天母含万物而化光";另一副是:"人生百年把几岁风月琴棋等闲抛却,试

◎ 斗姆殿壁画

看千古问尔许英雄豪杰那个醒来"。

大殿内，正中央供奉斗姆坐像。坐像两旁的对联是："境入上清半点红尘飞不到，坛开无垢满天花雨散香来。"斗姆圣像端坐在宝帐莲花台上，面含微笑，宝相庄严。她头戴紫金冠，额上有三只眼睛。其中一只眼睛，就是道教所说的天目，也叫慧目，据说能够洞见人的前生后世。斗姆为一头四面，象征遍观世界，普照天下。八仙宫的斗姆像为六只手臂，两手向上作倒八字，手执日、月；两手如弓作正八字；两手相对护持中丹田。斗姆长相奇特，在其他地方还有十八臂、四臂的圣像。

分列在斗姆像两边的是十二星君像。这里的十二星君，除了斗姆的九子星君之外，还有三台星君：上台虚精星君、中台六淳星君、下台曲生星君。星君神像背后的两侧墙壁上，右为太上老君骑牛及神仙神童彩色壁画，

◎ 斗姆像

左为山水神仙壁画,色彩明艳,人物生动,值得观赏。

斗姆圣像的上部墙上有"三清"画像。画像中的元始天尊,左手虚拈,右手虚捧,象征着"天地未形、万物无生"时的"无极"。灵宝天尊双手捧着"阴阳镜",象征着刚从无极状态中衍生出来的"太极"。道德天尊手拿一把画有"阴阳镜"的扇子,象征着太极分化出来的阴阳"两仪"。

三清信仰其实是道家宇宙论的系统反映,是"三一"理论的象征,道教由此衍化出居于三清胜境的三位最高尊神,即三清。三清总称谓是"虚无自然大罗三清三境三宝天尊",分别是清微天玉清境元始天尊、禹余天上清境灵宝天尊、大赤天太清境道德天尊。其中所谓玉清境、上清境、太清境指的是天尊所居仙境的区别,清微天、禹余天、大赤天是天尊所统天界的划分,而天尊的名号是因为"运道一切为极尊"并"出诸天上",故名。道教认为,三清居住在一个遥远奇妙的神仙境界里,并且对无数神灵进行管理,同时监督人类的社会生活。其中,道德天尊,就是道教的始祖老子。

供于斗姆像下的是玉皇大帝,又叫玉皇、玉帝。最早见于《真灵位业图》,被安排在三清境,是元始天尊属下诸神的第十位,地位并不算高。但从唐代开始直到明代,玉皇大帝的神格不断提升,成为道教信仰世界的帝王神。这是皇权政治在道教中的投影,封建君主将君权延伸到道教中,为的是加强道教辅佐礼教的社会教化功能,维护封建伦理等级制度,维护现实社会的家长制宗法统治秩序。民间也就渐渐将玉皇大帝视为最高神,这也是对封建皇权无可奈何的顺承。

与玉帝像平行的有三官像。三官又称为三元大帝、三官帝君等,在道教神祇供奉中出现得较早。因为早期先民在生产生活中离不开天时地利和水源,所以对天、地、水产生了原始的自然崇拜。道教吸收了这种崇拜,把三官作为掌握人间祸福、主宰鬼仙升转的尊神。天官名为上元一品赐福天官,紫微大帝,隶属玉清境,每逢正月十五日,即到人间,校定人之罪福。所以民间有"天官赐福"的说法。地官名为中元二品赦罪地官,清虚大帝,隶属上清境,每逢七月十五日,即来人间,为人赦罪。水官名为下元三品解厄水官,洞阴大帝,隶属玉清境。每逢十月十五日,即来人间,为人消灾。三官的诞辰为三元日,即上元农历正月十五日,中元农历七月十五日,下元农历十月十五日。八仙宫在上元节举办祈福纳祥保平安阳事道场,在中元节和下元节都举办超度亡灵阴事道场。

总之,人们对各类神灵的信仰崇奉,都是渴望能消灾避难、长寿发财的美好愿望的反映。在空间充裕的宫观,一般专有三清殿、玉皇殿、三官殿等。但八仙宫因为面积不大,所以只能把以上神灵供于一殿,为的是最大限度地满足信众的信仰需要。

孚佑帝君吕祖殿

一个人若是出了名，众人都愿意锦上添花。神仙出了名，人们更是要给他贴金。吕洞宾被奉为神仙之后，他的出生就变得颇具传奇色彩了。

传说吕洞宾的母亲快生他的时候，异香满屋，仙乐缥缈，一只白鹤飞入帐中。吕洞宾自幼聪明异常，长得一表人才，大有神仙人物的气度。他还在襁褓中时，马祖见到就说："这孩子骨相清奇，是个世外之才。以后'遇庐则居，见钟则叩'，一定要记住啊！"后来吕洞宾游访庐山，遇到火龙真人，得到了他传授的"天遁剑法"；又在长安酒肆，遇到汉钟离，拜为师父，修成上仙。马祖所预言，都应验了。

此后，吕洞宾混迹人间，度化有缘，惩恶扬善，赢得了老百姓的尊崇，这使得吕洞宾事务繁忙、身兼数职。儒教将他列为五位"文昌帝君"之一，成为纯阳父夫子、纯阳大仙等；佛教也把他奉为"文尼真佛"，当成佛菩萨加以崇拜；道教民间奉吕洞宾为理发业守护神，全真道奉他为"北五祖"之一。历代皇帝还有加封称号的，据《历世真仙体道通

◎ 吕祖殿内吕祖像

鉴》记载，宋徽宗称吕洞宾为"吕仙翁"，认为他显化济世、造福众生，功德无量，所以赐号为"妙通真人"，敕名修建"福庭"。由此可见，宋朝吕洞宾又成为皇帝所封的神仙，全国到处都出现了吕祖祠庙，八仙宫的前身大概也是在这种背景下建成的。元代全真道大兴，奉吕洞宾为北五祖之一，朝廷则进一步把他封为"纯阳演政警化孚佑帝君"，八仙宫也就自然发展为全真道的十方丛林。

在八仙宫的传说中，因为吕洞宾在长安酒肆得道，又有"井水变美酒"的显化故事流传，所以后来有人倡导在此建了吕祖祠。但是在八仙宫碑文中的确切记载是，公元1675年，即康熙十四年，任天然主持重修八仙庵，那时增建了"孚佑帝君专祠"。当然也可能是，原来的吕祖祠曾经被毁，任天然重修时特意恢复重建的。不管怎么说，八仙宫历来以吕洞宾为主神，这是确定的。

现在八仙宫中的吕祖殿，在东跨院内，有3间大厅，坐北向南。殿门门楣上悬挂着公元1911年，即宣统三年所书写的"福民寿世"的匾额，殿门两边悬挂的楹联为："溯上界茫茫浩劫神仙不老全凭一点度人心，看下方扰扰红尘富贵几时只抵五更黄粱梦"。写的正是吕祖黄粱梦觉、悟道成真，又大发宏愿、救世度人的内容。

大殿向内有一个吕祖洞，洞两边书有对联一副："汉阳黄鹤随云驻，函谷青牛望气来。"吕洞宾的全身塑像端坐在这个拱形的洞中。这尊像是按照古籍中描写的模样塑造的，吕祖面色白黄，左眉角有一颗黑痣，头戴纯阳巾，清秀俊雅，仙风道骨。每年吕祖诞辰庆典前，会有许多信徒捐钱制作袍服，敬奉给吕祖。殿内两边墙壁上画有壁画，有黄粱梦的内容，还有鹤岭问道的内容。壁画色彩鲜丽，精美细致，吸引了很多眼球。

在吕祖殿东侧墙壁内，镶嵌了一块《吕祖传》的碑刻，此文录自《金莲正宗仙源像传》。西侧墙壁内镶嵌的是《吕祖百字碑》，这篇百字文是玉溪道人闵智亭1987年3月手书，用的是隶体。吕洞宾常以诗词弘扬丹道，这篇百字文是一首五言诗："养气忘言守，降心为不为。动静知宗祖，无事更寻谁？真常须应物，应物要不迷。不迷性自住，性住气自回。气回丹自

结,壶中配坎离。阴阳生反复,普化一声雷。白云朝顶上,甘露洒须弥。自饮长生酒,逍遥谁得知?坐听无弦曲,明通造化机。都来二十句,端的上天梯。"因为碑文短小精练,常有游人驻足吟诵,有的似懂非懂,有的若有所思,都免不了发一番感慨。

吕祖殿虽位于偏院,但这里是八仙宫香火最旺盛的地方,来这里求签问卜的人络绎不绝。殿旁专门设有解签房,满足人们的宗教心理需要。殿里和解签房里挂满了"有求必应"、"心想事成"、"神灵保佑"的锦旗或牌匾。仔细看看,老百姓对吕祖的称呼还不一而足呢,比如:吕祖神、吕祖洞宾、吕祖大仙、吕祖爷、吕祖大师等,这大概能反映出敬奉者各不相同的文化层次和心理诉求,也可以看出敬奉者来自不同的地方,因为不同的地域范围内,对吕洞宾确实有不同的习惯称呼。

吕祖殿的对面就是太白殿,这样的安排似乎有点冥冥中的巧合。因为,在吕洞宾的传奇中,他和李白有许多相似之处。他曾得到火龙真人传授的天遁剑法,号称"一断贪嗔,二断爱欲,三断烦恼";而李白也曾学过剑术,堪称一流。吕洞宾饮酒,在长安酒肆得道;李白好酒,在长安酒肆成名。李白诗歌天下无敌,吕洞宾以诗传道。他们二位,都曾被尊为"诗仙"、"酒仙"和"剑仙"。如今在八仙宫,二位神仙比邻而居,也算是惺惺相惜,各得其所。

光明和平太白殿

八仙宫有太白殿，太白殿在东跨院内，坐南向北，与吕祖殿相对，与药王殿相邻。殿门上有一副楹联，奇怪的是这副楹联不是一副严格工整的对子：

诚则金石可穿
骄惰则义必败

◎ 太白殿

◎ 太白像

殿内神像是太白金星，须发皆白，清癯俊逸，令人钦慕。

建造太白殿的原因有三种传说，但又互有关联，说起来妙趣横生。

第一种传说与太白金星相关。

我国自古有星宿崇拜传统，太白金星是被崇拜的重要星宿之一。其实，太白就是金星，金星就是太白，人们习惯合称。金星是太阳系接近太阳的第二颗行星，也是各大行星中离地球最近的一颗行星，早晨出现在东方，就是启明星，也叫晓星；傍晚悬挂于西方，这时又叫长庚星、黄昏星。传说，太白金星，是白帝的儿子，所以也称为"白帝子"。

太白金星被神格化以后，被赋予大将军之像，主杀伐之事，所以古诗文中常常用来比喻兵戎。但是太白金星被纳入道教神仙信仰体系中时，不知什么原因变成了一位女性神的形象，她身穿黄色裙子，戴着鸡冠，擅长演奏琵琶。明代以后渐渐演变成一位老人形象，名叫李长庚，是玉皇大帝的西方巡使，负责上传下达、监察善恶的工作。他白衣白须，慈祥和善，手中拂尘光洁柔软，看上去神清气爽、道行高超。常在一些文学作品中出现，但是其形象有被损毁的倾向。

但是，不管怎样演变，由于太白金星是天上最为明亮耀眼的星星，主要象征着光明和平，所以道观供奉太白金星，符合道教的根本教义精神。八仙宫的道长们比较认同这个传说。

第二种传说与太白山神有关。

太白山，位于秦岭山脉的中段，在陕西关中周至、太白和眉县的交界处，主峰拔仙台海拔 3767 米，是中国大陆东半壁的最高名山，自古为世人瞩目。传说太白金星曾降落此山而得名。太白山常年积雪，挺拔秀丽，其间山林茂密，人迹罕至，而且高峻险阻，"去天三百"，很符合修道升仙的要求，所以，被道教视为理想的修行场所，把它列入了三十六洞天，居第十一位，为德元之天。被尊为药王的孙思邈就曾在太白山隐居修行多年。

一般来说，我国古代国家祀典中的山岳崇拜，取决于这样的观念："法施于民能御大灾、捍大患，则祀之"，所以只要与民生关系密切的日月星辰山林川谷，都可以被瞻仰崇奉。太白山祭祀也如此，本来是民间自发产生的一种信仰习俗，唐以后逐渐演变为政府倡导的信仰习俗。

汉成帝时，就对太白山诸多灵异开始有了记载。对太白山本身的祠祀，始于北魏。北魏国师崔浩因为支持道教而被附会为山神。南北朝之后，随着道教的逐渐兴盛，太白山神被纳入道教神仙体系。公元 749 年，即唐代天宝八年，太白山人李浑对世人传说，太白山金星洞有皇帝福寿玉版石记，皇帝派人访求，果然如此，就把太白山封为神应公。公元 755 年，即天宝十四年改封为灵应公，正式将太白山列入国家祀典。太白山信仰逐渐流传开来。宋代，太白山在国家信仰体系中的地位不断加强，太白山神连续得到加封。公元 1053 年，即仁宗皇祐五年封为济民侯；公元 1062 年，即嘉祐七年又封为明应公；公元 1074 年，即神宗熙宁八年晋封福应王；公元 1096 年，即哲宗绍圣三年改封惠济王，甚至把太白山神分成三个神，对应山上的三潭池水，分别封为苦济王、惠民王、灵应王，民间俗称大阿福、二阿福、三阿福。公元 1740 年，即清乾隆五年，陕西奏请将太白神祠列入陕西祀典，公元 1774 年，即乾隆三十九年封山神为福应王，赐额"昭灵普润"。

太白山信仰主要集中在关中一带，这与其气候条件有直接关系。关中地区属于半湿润气候，降水不充足，而且季节与年际降水的分配不均，形成了旱涝无常的气候特点。近现代陕西共发生严重旱灾四十九次。而太白山被崇拜的原因主要是"能兴云致雨、息涝弭灾"，传说太白山神能感应虔

诚的祈祷，降雨于人间，解决旱情。柳宗元所作的《太白山祠堂碑》碑文中说道，太白山地恒寒，长年冰雪不化，人们认为有神灵，并在旱灾发生、寒暑异常等情况下进行祈祷。祈雨仪式中最重要的环节就是前往太白山汲取灵湫水。后来关中各地兴建太白庙，也多在有池水、泉水的地方；如果当地没有池水、泉水，也要开凿池塘。

向太白山祈雨，据说都很灵验。公元1376年，即明洪武九年，武功县官府曾经举办过一次大型的祈雨活动，有几千人参加，鼓乐喧天，当晚就下起了大雨，一连三天，周围郡县都分享到了甘霖。公元1900年，即清光绪二十六年，慈禧携光绪逃避八国联军，在陕西驻跸。当时陕西久旱，六十多个州县受灾。据八仙宫内碑文记载，慈禧太后一边发银赈灾，一边命大臣致祭太白山神。结果是"至德格天，感应如响"，之后"甘霖滂沛，土脉普滋，禾黍浡兴，岁以大熟"。慈禧太后即颁内帑银三千两，令重修太白山庙。

不过，这位太白山神还有点脾气呢！传说公元1053年，即宋皇祐五年，仁宗诰封太白山神为济民侯，这个爵位显然比唐代所封的灵应公下降了一等。这下可惹恼了山神，老百姓祈雨得不到感应了。后来公元1062年，即嘉祐七年苏轼上奏，仁宗又改封为明应公。山神一高兴，又开始认真履行自己的职责了。

所以，关中地区许多以太白命名的庙宇，尊奉太白山神，也是出于自然崇拜的意义。八仙宫太白殿的来历与这种曾在关中地区非常流行的民间信仰应该关系更大一些。

第三种传说与诗仙李太白相关。

传说，李白的母亲快生他的时候，梦见太白金星落入怀中。因为民间认为太白金星姓李，李白夫妇就为孩子起名为白，字太白，以应此梦。这位太白金星投胎转世的大诗人，曾在长安酒肆以诗酒闻名天下，获得了"谪仙人"、"诗仙"、"酒仙"等多种雅号。他的名人效应，使得他经常光顾的酒家财源滚滚。酒家为了感恩和纪念李白，捐资修建太白殿。

文学艺术界人士比较偏向这种说法。各种说法其实也都是各取所需，无可厚非，反而为八仙宫增添了不少意趣。

千金神方尊药王

许多道观都建有药王殿,但所供奉的药王往往有所不同。八仙宫的药王殿供奉的是唐代名医名道孙思邈。这座殿宇坐东向西,殿门两边的楹联是:

道通天地术通圣
儒中隐逸医中真

◎ 药王殿

是对孙思邈形象的高度概括,十分贴切。

殿内神像为孙思邈全身坐像,面容慈祥,顶上束着发髻,神采奕奕。大殿北山墙内壁刻着孙思邈传,南山墙内壁刻着唐王李世民所作的《孙思邈赞》:

> 凿开径路,名魁大医。羽翼三圣,调和四时。
> 降龙伏虎,拯衰救危。巍巍堂堂,百代宗师。

孙思邈,陕西耀县人,生于北周时期,卒于公元682年。他的具体生年历来是个谜,有人认为他活了一百〇一岁,也有人考证他在世一百四十一岁。总之是个有道长寿之人。

其实,孙思邈幼年时期是体弱多病的,光他的医药费差不多就花光了家产。但是他聪明过人,勤谨好学,博览群书,儒释道兼通,西魏大将曾称赞他是"圣童"。也许就是因为他自己经历了许多病痛之苦,他十八岁时立志学医,发愿救死扶伤,解除别人的痛苦。二十岁就开始为乡邻治病,一生致力于药物和临床研究。他既重视学习总结古典医学,又用心整理钻研民间验方,精通内、外、妇、儿、五官、针灸各科,有二十四项成果开创了我国医药学史上的先河,为我国中医发展作出了不

◎ 药王像

可磨灭的贡献。

孙思邈一生勤于实践,勤于著述。他曾遍游峨眉山、终南山、太白山等地,一边行医,一边采药试验。晚年隐居于陕西耀县五台山(今药王山)专心著书,一生著书有八十多种,其中《千金药方》、《千金翼方》为举世闻名之作,它是唐代以前医药学成就的系统总结,被誉为我国最早的一部临床医学百科全书,对后世医学产生了深远的影响。

说到《千金方》,这里有一个有趣的传说。孙思邈在终南山隐居时,与道宣律师过往甚密。有一年,发生了严重的旱灾。皇帝正在手足无措之时,从西域来了一位僧人,他声称会作法求雨。于是,皇帝下诏令他祈雨,僧人设下神坛,斋戒沐浴,焚香祷告。七天之后,仍未见一点儿下雨的征兆,而昆明池的水位却下降了不少。

有一天晚上,道宣在庙中静坐,忽然来了一位老人,自称是昆明池的龙王。他告诉道宣:"师父啊!现在久旱无雨,并非我不尽职责,实在是天意如此。但是那位西域僧人却借着祈雨之名,想要用妖法把池水弄干,好弄到我的龙脑做药。请师父想想办法,救我一命吧!"道宣忧心忡忡地说:"贫僧只会持律,没有其他办法,不如你去求一求孙先生。"老龙只好来到孙思邈石室中求救。

孙思邈早听说龙宫里有三千仙方,他可是个"药痴"啊,这时也顾不得担一个乘人之危的恶名了,就对龙王说:"你如果愿意把龙宫所藏的三千仙方传授给我,我就救你。"龙王说:"这些仙方,玉帝是不许妄传的,不过先生用它自然是造福众生,也算是一大功德,应该无妨。就这样吧。"龙王随即回龙宫把仙方取来给了孙思邈。孙思邈来到昆明池边,施展仙术,池水一会儿就上涨了。西域僧人阴谋败露,羞愧难当,竟然死了。

孙思邈医术高明,民间流传着他许多神奇的医病故事。这里选一个来讲讲。有一次,一位老太太的女儿生孩子难产死去了,她痛哭流涕地跟着出殡队伍,伤心欲绝。正在这时,迎面走来一位老人,鹤发童颜,背着一个药葫芦,一看就是个行医郎中。他观察了好一会儿,发现棺材边渗出些许血液,急忙拦住棺材,安慰老太太说:"您先不要难过,让我看看棺内之

人,或许有救。"老太太半信半疑,说:"我女儿难产,已死去两天了,恐怕太晚了!"但难免抱一丝希望,所以打开棺材让老郎中看。这时,周围也围起了一群看热闹的人,纷纷议论:"郎中能医病,难道还能医命?"只见,老郎中拿出银针,找准穴位,扎入棺中女子体内,两指轻轻捻提转动。不一会儿,女子呻吟一声,竟然醒了过来。又过了一会儿,传来了婴儿的啼哭声。老太太不由得跪在地上,连连叩头。看热闹的那群人爆发出一片惊讶赞叹之声。这位老郎中就是孙思邈,他一针救了两条命的传奇,立刻不胫而走,轰动朝野。从此,人们就尊称孙思邈为"药王"了。

孙思邈历来为世人所尊奉,不仅因为他医术高明,更因为他医德高尚。他是世界上第一位系统论述"医德"的人。他在《大医精诚》一书中写道,凡是真正的医生,治病前首先必须安神定志,无欲无求,先发大慈大悲的恻隐之心,誓愿普救众生。如果有人来求医,医生"不得问其贵贱贫富,长幼妍媸,怨亲善友,华夷愚智",都应该一视同仁,像对待自己的至亲一样。而且不应该瞻前顾后,考虑自己的吉凶。看到病人的苦痛,应该感同身受,一心救治,打消名利功德之心。这样做才是真正的医生,是苍生的福分;反之就是生命的罪人。他还指出:"夫为医之法,不得多语调笑,谈谑喧哗,道说是非,议论人物,炫耀声名,訾毁诸医,自矜己德。"他说那些偶然治好一病就骄傲自矜,以为自己天下无双的,是做医生的大忌。这些理论,今天的医生真应该好好地学习学习呀!

孙思邈一生精研医理医术,淡泊名利,多次辞官。唐太宗李世民称其"有道",优渥有加。宋徽宗追封他为妙应真人。孙思邈去世时,叮嘱后人不得厚葬他,不陪葬珍贵物品,不用动物祭祀他。正是他这样的德行,赢得了世人的爱戴,在世人心中,他就是神仙!

陕西耀县药王故里孙原,现存有药王孙思邈的各类遗迹,每年农历二月二当地会开展规模宏大的纪念活动,来自海内外的游客络绎不绝。八仙宫内建药王殿,也是满足人们求医问病、寻找护佑的心理需求。

一言止杀奉邱祖

邱处机是全真道的发扬光大者,并以"一言止杀"的大慈悲心和大勇敢行赢得道俗的尊奉。八仙宫也专建邱祖殿供奉。邱祖殿在西跨院内,坐北向南,和正院的斗姆殿及东院的吕祖殿恰在一条东西走向的直线上。殿前东侧墙内壁镶嵌着1936年李宗阳撰书的诗碑,西侧墙边竖立着1948年合庙道众为邱明中监院刻立的遗德碑。殿门上悬挂着公元1904年,即光绪三十年八月二十日皇太后慈禧亲笔书写的"玉清至道"匾额。另外殿柱上还配有两副楹联,其中一副内容是:

万古长生不用餐霞求秘诀
一言止杀始知济世有奇功

另一副内容是:

磻溪苦行龙门炼养道功备而德充
东莱阐教西域应聘陈一言而止杀

这两副楹联生动地概括了邱处机不平凡的一生。殿内没有邱祖的塑像,而是在殿中央摆放着邱祖的一幅一米左右高的画像,画像前有一尊小型的木制雕像,两边分别摆放着两幅长条幅,左边是《邱祖青天歌》,右边是《邱长春真人事实》。邱祖殿目前还没有开放,只接受全真道士的膜拜。

邱处机的传奇是大家所熟知的,来到邱祖殿,就让我们一起再重温一

◎ 邱祖殿

下邱祖当年万里西征的盖世奇功吧。

邱处机（1148—1227），字通密，号长春，金代登州（今山东）栖霞人。他自幼失去双亲，尝遍人间疾苦，所以向往修道成仙，脱离苦海。十九岁时在宁海昆仑山出家，开始修道生活。二十岁时，正遇王重阳在山东传道，因此拜师，名号都是王重阳所赐。公元1169年，即金大定九年，王重阳带着四位弟子马丹阳、谭处端、刘处玄及邱处机西游传道，途中病逝于汴梁。四弟子把师父暂时安葬在此，后来迁葬终南山。之后，四人各自定下目标，分头修炼去了。

邱处机先是隐居在陕西宝鸡西南的磻溪达七年之久，又到陇州龙门洞潜修六年。这期间，他一边苦行修身，一边苦志修心，过着"烟火俱无，箪瓢不置"，乞食穴居的生活。为了锻炼意志，他常常把铜钱撒到松林中去，再一枚一枚地找回来；或者把大块的石头搬到山上，再滚落到山脚，如此反复，以至于大石头都被磨成光溜溜的石球。如今，龙门洞和磻溪还存有一些石球，人称"磨性石"。

1214年，邱处机帮助金政府在山东招安了杨安儿起义军，因此名声大震。南宋和金政府先后遣使诏请他，他都没有前往。元太祖成吉思汗也听闻邱处机盛名，亲自写下手诏，派遣使臣，不远万里，从大雪山（今阿富汗兴都库什山）来到山东诏请邱处机。邱处机想，既然蒙古皇帝如此看重自己，自己或许可以起到劝诫作用，阻止蒙古人的杀戮行为，保护老百姓生命财产安全。于是，邱处机毅然应诏，带领18位弟子从莱州出发，历尽千辛万苦，于1222年春到达西域。

成吉思汗十分高兴，大加表彰，把他安置在身边，时时请教，并以"神仙"相称。成吉思汗曾问："神仙有什么长生之药吗？"邱处机说："我只有卫生之道，没有长生之药。"成吉思汗似乎有点失望，但当他听了邱处机关于清心寡欲的养生之道以后，内心非常赞赏，感叹地说："天赐仙翁，以悟朕志。"成吉思汗准备西征前，邱处机进宫谏言："欲立天下者，必在乎不嗜杀人。"他极力地向成吉思汗灌输治国当以"敬天爱民为本"的思想，使成吉思汗一定程度上缓和了对南宋的残酷征伐，使众多老百姓免于涂炭。这就是"一言止杀"的故事。

后来，成吉思汗诏封燕京天长观作为邱处机居住传道的地方，还赐给他虎符和玺书，命他统管天下道教，诏免道院和道人的一切赋税差役。邱处机统管全国道教后，大力发展全真教，在燕京建立"平等"、"长春"、"灵宝"等八会，在各地创建宫观，使全真道前所未有地兴盛起来。他自己先后被朝廷封为"长春演道主教真人"和"长春全德神化明应真君"。

邱处机"虽寄身老子法中，而心实欲匡济斯民"，也就是说，他虽然有着崇高的出世理想，但也崇尚积极的入世精神，希望尽自己的最大能力，最大限度地济世救民，造福百姓。邱处机从蒙古回来的路上，曾经给弟子们宣教说："现在大兵过后，人民遭受了很大的灾难，没吃没住的人很多。我们正好可以创建宫观，救世度人，机不可失。救人度人是修行最重要的任务，你们要铭记在心。"他们在北京住观后，就开始这样做了，把道观逐

渐建成"十方丛林"。到观中来皈依的道士和暂住避难的士庶百姓多得不可胜数。后来邱处机的徒弟李志常也继承了这种做法，每天在观中施斋，救济和保护了不少流离失所的难民，真正地践行了王重阳祖师倡导的济世利民的全真精神。

半日神仙云隐堂

云隐堂与邱祖殿同在八仙宫西跨院内,坐西向东,以前是专为八仙宫重要执事引退之后居住修行的地方。殿门楹柱上写着:

  此地饶千秋风月
  偶来做半日神仙

◎ 云隐堂

这是对告老隐退生活的形象描述,"云隐"二字,总让人有说不清道不明的神往。

云隐堂最值得玩味的,就是于右任所题的殿额。"云隐堂"三个字是极有神韵的,这自不必多说。有趣的是,所题的时间只有"三十二年",而不冠以"民国"。据说,于右任先生早年追随孙中山革命,后来对蒋介石的独裁政治非常不满,所以在他的题字中,时间都不标注"民国"二字,讽刺国民党没有民主,以此表达自己主张民主、热爱祖国的感情。

于右任(1879—1964),陕西三原人。于右任自幼才学出众,公元1895年,即清光绪二十一年,以第一名考入县学,成为秀才;公元1898年,即光绪二十四年,参加岁试,又以第一名成绩补廪膳生,曾被陕西提督学政叶尔恺誉为"西北奇才"。后来成为著名政治家、活动家、教育家,是中国近现代高等教育奠基人之一。现在三原县有于右任故居和纪念馆。

于右任先生是真诚的爱国者,他的一生是追求自由、民主、和平的一生。于老原名伯循,自称右任。"衽"就是衣襟,衣襟向左是北方少数民族的穿衣习惯,中原地区以"左衽"表示受异族统治。于老先生为自己取字

◎ 于右任题额

"右任"，即"右衽"的谐音，表示反对清政府的统治。慈禧西狩西安时，于右任有意散发留影，还在照片上题了一副对联："换太平以颈血，爱自由如发妻。"还写下了痛斥慈禧的诗句："女权滥用千秋戒，香粉不应再误人。"当然，他这里的"女权"、"香粉"是特指慈禧的。

  于右任青年时代就追随孙中山先生，为推翻清朝封建统治立下了卓越功勋，成为国民党元老。1926年任国民军联军驻陕总司令，与邓宝珊共同主政陕西。期间，提出废除旧的政治体制、统一全省财政等12项整理陕西军政的计划，号召民众"共同起来呀！建设美满幸福的新生活吧！"1927年，驻陕总司令部将西北大学改建为西安中山学院，还创办了西安中山军事学校，为革命培养人才。联军驻陕总司令部还发布了许多法令，取消苛捐杂税，减少农民地租；政治部和教育厅还翻印了大量革命书籍，并允许各种进步书刊公开发行。在于右任、邓宝珊的支持以及大批回到陕西的旅外进步学生的推动下，陕西省工人、农民、学生、妇女运动蓬勃发展，出现了陕西近现代史上少有的革命高潮。

  抗战结束后，于右任坚决反对蒋介石独裁政策，积极倡导国共合作，曾为中国共产党领导的《新华日报》创刊号题写报头。他一直极力希望通过和谈解决中国问题，但终不能如愿。于右任去台湾后，一直盼望两岸统一，晚年被人们尊为"和平老人"。他曾写下一首《国殇》："葬我于高山之上兮，望我故乡。故乡不可见兮，永不能忘。葬我于高山之上兮，望我大陆。大陆不可见兮，只有痛哭！天苍苍，野茫茫，山之上，国有殇！"

  在弥留之际，他的部下问他有何嘱托，他不能言语，伸出一个手指，又伸出三个手指。据大家猜测，他的意思是，等到祖国统一，把他归葬故乡三原。人们把于右任的遗体埋葬在台北最高的大屯山上，并在海拔3997米的玉山顶峰竖立起一座面向大陆的4米高的半身铜像，算是了却了于老先生登高远眺故土的心愿。

  于右任先生一生非常重视文化教育事业。他曾经创办《神州日报》《民呼日报》《民立报》等宣传资产阶级革命主张。他主张兴办教育，先后创办

复旦公学、中国公学、西北农林科技大学，培养各类人才，被认为是中国近现代高等教育重要奠基人之一。他关注文化遗产的保护，在1938年重修八仙宫时，给予了积极响应和支持。八仙宫碑文记载，他捐了100元大洋。但是，大家可能想不到，他虽然位高权重，其实一贯两袖清风，生活俭朴，有时甚至为家人的生活费四处借债。人称"三间老屋一古槐，落落乾坤大布衣"，正是他真实的写照。

于右任先生还是著名的书法家。他早年从赵孟頫入门，但后来改攻北碑。他非常喜欢魏碑，因为他认为魏碑有"尚武"精神，粗犷豪放，能够表达出他忧国忧民、奋发图强的爱国情怀，他希望以此唤起中华民族的觉醒。于右任又通过精研六朝碑版，将篆、隶、草法融入行楷，独辟蹊径，写出的楷书雄浑婉丽，冲淡清奇。

于右任中年以后又专攻草书，还成立过草书研究社，创办过《草书月刊》。他熔章草、今草、狂草于一炉，自成一家，他的草书潇洒脱俗、简洁质朴，给人以仪态万方之感，达到了出神入化的境界。他还以"易识、易写、准确、美丽"为原则，全面系统地整理了历代草书，从浩繁的历代书法名家的作品中，遴选出符合标准的字，集成《标准草书》千字文。这本书成了草书初学者的最佳入门课本，在台湾和大陆多次印行，仍供不应求，堪称"洛阳纸贵"。他曾说过："有志者应以造福人类为己任，诗文书法，皆余事耳。然余事亦须卓然自立。"他也正是这样要求自己的，所以最终在书法上"卓然自立"，成为一代宗师，被誉为"旷代草圣"。

于右任的诗词造诣也颇高，一生写下诗词近900首，许多都是寄托国家民族兴衰存亡之情的作品。毛泽东曾说，于右任是他最敬重的大才子。

有一首赞颂于右任先生的诗，可谓贴切：

先生忧乐关天下，余事诗书夺化工。
鹤发银须飘素雪，兰台玉露挹清风。

牧羊自昔多奇迹，谋国从来不计功。

薄海高呼春意满，拈髯微笑更谦冲。

八仙宫虽然只保留了于右任先生辉煌一生中的小小片段，但也足以因此增添了历史的光彩。不知道，于老先生的在天之灵，是不是还会常常在云中观望这片净土？

后园美景可聚仙

八仙宫的北部，原来是一片空旷地，现在被建设成了一座后花园。花园南边，也就是斗姆殿背后，矗立着一座巍峨庄严的聚仙阁。

八仙宫历史上颇有植树莳花的传统。据传，在公元1678—1799年，即清雍正、乾隆年间，一位叫李德吾的道长倡导并组织在八仙庵内各个殿前屋旁种植松柏，达好几百株。一直管护得也很好，直到公元1862—1874年，即同治年间，这些松柏长势良好，碑文记载它们"如幢如盖如幄"，当

◎ 聚仙阁

时那种蔚然成林、绿荫遍布的情景是可想而知的。可惜的是,这些松柏毁于同治年间,即公元 1871—1908 年的回民起义。这次破坏,几乎是毁灭式的,因为此后八仙庵就变得"一望如砥",光秃秃的了。后来虽有恢复,终不及当年胜景。

另外,据县志记载,清末八仙庵还有西花园,园中有池塘,占地四五亩。池塘旁边栽植竹木,常年苍翠葱茏,十分雅静。最为稀罕的是,园中有一丛绿色的牡丹。这很容易让人联想到韩湘子为叔父韩愈种的异色牡丹,不知道这丛绿牡丹是不是仙种的遗存呢?

1900 年,慈禧逃避国变,西狩驻跸西安时,也曾在闲暇时到八仙庵玩赏,尤其喜爱这丛绿牡丹。慈禧本来就喜欢牡丹花,大概因为牡丹是花中王者,象征着女主当权,很符合她的秉性和野心。而且慈禧还十分擅长画牡丹,据说她曾专门聘请"滇南女史"缪嘉惠进宫教她绘画。当她在八仙庵看到稀有的牡丹品种时,一定是非常高兴的,她赐给八仙庵的牡丹中堂正是对这丛绿牡丹的临摹。只是,时过境迁,那丛绿牡丹也不知什么时候香消玉殒、芳华不再了。

今天的八仙宫因为面积的限制,虽不能遍种松柏、培养珍稀花木,但是也非常注重绿化美化。八仙宫每座殿前都左右对称地种植了松柏,还有整齐的花圃、植物隔离带、大型盆栽等,因地制宜地造设了许多小景观,再加上后花园,堪称园林式道观。而且,适应新时代的生态建设要求,八仙宫积极参与陕西省道协倡导的"生态道观"活动,努力使绿化美化工作更具有科学性、现代性。现在的后花园,经过了合理的规划,有草坪,有花丛,有林带,有藤萝,错落有致,四季常绿,生意盎然。

八仙宫的香客,常常在敬香拜神之后,来到这里休息。他们或三五成群,在一起聊天;或围成一圈,欣赏某位善男信女唱道情、讲故事;或独自游逛,赏花看景,享受清静。还有些年轻的游客,总喜欢兴致勃勃地取景拍照,在这美好的景致中留下倩影和笑声。整个园子里,热闹却不嘈杂,肃穆而又自在。

位于后花园南边的聚仙阁,是八仙宫开展学习交流、举办会议演讲的

◎ 环保宣传牌

地方。按照十方丛林的规制,过去,八仙庵每年冬春两季由寮房主办经学学习班。"冬学"阴历九月十五日开始,腊月十五结束;"春学"正月十五开始,三月十五结束。这其实就是趁着农闲时候,为八仙庵及子孙庙的道士们提供学习机会,培养各类道教人才。学习期间,每天晚上就由都讲讲解学习道教的各部经典、清规戒律、科仪规范以及经韵知识等。

现在的学习,当然已经不拘于以上形式和内容了。从宗教政策法规,到消防安全制度;从中央会议精神,到学术研究信息;从道教历史经典,到信众服务事项;从自身管理建设,到对外交流学习……当代社会给宗教信徒们提出了更多更高的要求,八仙宫和其他众多寺庙道观一样,都努力适应着这些新情况,想方设法地提高道众素质。聚仙阁就真的成了各路"神仙"汇聚的地方,讲经说法,参禅悟道,共修共勉,学风蔚然。

八仙宫还在大型庙会的时候,趁着信众云集的机会,在聚仙阁举办"道与人生"之类的通俗讲座。人们按照院内设置的明显提示和路标,渐渐地汇聚到这里,呼朋唤友地找定座位,充满期待地等候主讲人出场。当主讲的道长气定神闲地走上讲台，台下总会传出一些窃窃私语，或议论，或猜测，或赞叹，气氛总是和谐友善的。来晚了的人们，悄悄地走进来，找个角落站定，安静地让人觉察不到。有时候，人实在太多，进不来的人们，有的扒着窗棂往里探望，有的则不免一边跳脚，一边抱怨几句。这个时候，就总显得聚仙阁空间是那么不够用了。后来，八仙宫道长们想出一个办法，每到讲座时，就安置一个扩音器在门外。这样，进不来的人也可以不用担心听不到精彩的演讲了。

不管怎么说，后花园和聚仙阁是八仙宫为道俗提供交流经验、学习知识、沟通情感的地方，是一处世俗服务的开放空间，有了这个空间，神灵和道俗之间的关系似乎更为亲近和密切了。这也是现代寺观所共同追求的一种境界吧！

书画名家聚书廊

进入八仙宫山门,左右两侧建有"文化名家书廊",其中汇集了大量著名的传世书法绘画作品的翻刻碑石。常常有书法绘画爱好者,在廊间徜徉,或入神地揣摩,或悠然地品味,或轻声地念诵,或自言自语地评论……

西侧书廊的北端,竖立着李宗阳所立的"升允奏片碑",也就是陕西巡抚升允奏请慈禧太后和光绪皇帝特赐八仙庵为"敕建万寿八仙宫"的奏折以及光绪皇帝的批示。1900年,慈禧携光绪西狩,曾颁发内帑银修建山门、

◎ 书廊

牌坊。慈禧回京后，李宗阳主持修建，又通过当时西安府知府傅世炜、陕西省布政使李绍芬请求陕西省巡抚升允向两宫上奏，获得了"敕建万寿八仙宫"的资格。李宗阳特地把升允奏片内容以及皇帝的朱批刻石立碑，永为纪念。此碑为当时陕西洛南知县王新桢书。

西侧书廊的南端，是刘永镇与当时全体道众所立之碑，可惜残缺得比较严重。从残留的文字可以看出，当时的八仙庵非常注重戒律清规，道风很好；并且遍植竹木松柏花草，环境也不错。这也算得上是八仙宫幸存下来的重要史料了。

来到书廊，爱书法的人，首先关注的自然是字的碑刻。吕洞宾的草书"寿"字，龙飞凤舞、厚重雍容；文天祥的"忠孝"二字，端庄稳健、刚毅雄浑；岳飞书的诸葛亮前后《出师表》，行云流水、挥洒自如；于右任的草书，灵动变幻、气韵悠长。真得感谢这些书法家们对汉字的深刻解读，他们为后人留下了宝贵的精神食粮。

爱画的人，一定会在郑板桥的竹子前面驻足良久。郑板桥（1693—1765），名燮，是康乾年间著名的"扬州八怪"之一，工诗词，善书画，尤其喜爱画竹、咏竹。看着他画的竹子，在墙上深浅错落、拔节散叶，不由得就想起他那首《竹石图》的题诗："咬定青山不放松，立根原在破岩中，千磨万击还坚劲，任尔东西南北风。"又似乎看到他清瘦的身影，在竹林边怆然独立。怀古追思之情，油然而生。

再来看看慈禧太后的御笔牡丹图。这幅图早已失传，但是存有拓片，所以如今我们还能够得以瞻仰。慈禧这幅牡丹图，据说是临摹八仙庵以前的稀有品种绿牡丹的作品。石刻画中看不出当时是如何施色的，但牡丹的盛开面貌，被展现得十分细腻，花瓣饱满，枝叶挺拔；并且题有"平安富贵"四字，寓意美好。

道教爱好者一定对《修真图》和《内经图》比较感兴趣。《修真图》，又称《丹成九转图》，是一幅图文并茂的炼养修真纲领性图示，图中记录了从百日筑基开始，到修炼证真的理想境地。《修真图》有多种版本，常见的是北京白云观的拓片。《内经图》又名《内景图》，是我国中医的特色发明，

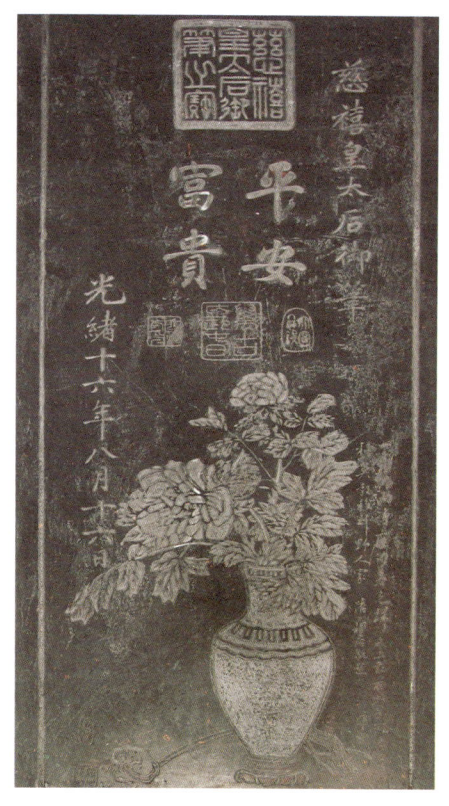

◎ 慈禧牡丹图

其实展现的是人体内脏的解剖图，但结合了道教的养生方法，被视作气功等修炼的秘要。这两幅图示并列在一起，经常吸引不少好奇的游客，啧啧地赞叹图文的神妙和古人的智慧。另外，骊山老母宫的《骊山老母受经碑》、户县重阳宫的《终南山重阳祖师仙迹记》、《七真上仙图》、重阳祖师诗词《无梦令》等碑刻，以及著名的吴道子《镇宅蛇龟》图，都被复制到了这个书廊内，也为道教爱好者提供了欣赏的方便。

爱好旅游的人们，看到石刻的关中八景，一定会倍感亲切。关中八景，所在地都属于长安，所以也就是长安八景，它们分别是：华岳仙掌、骊山晚照、灞柳风雪、曲江流饮、雁塔晨钟、咸阳古渡、草堂烟雾、太白积雪。八景以八幅竖长条状的碑刻展现出来，每个景观还配有一首诗，书、画、诗三位一体，颇有美感，具有很高的欣赏价值。

另外，历史上一些有名的文学作品也被摩刻在这里。趁着在八仙宫游赏的机会，不必特意费心，读一读诸葛亮的《诫子书》、朱柏庐的治家名言、苏轼的寒食诗帖，好像与古人偶遇在另一个时空，做一次自在的精神交流，不是一件愉悦的事情吗！

书廊的创建，的确为八仙宫渲染了艺术气氛，提升了文化品位，为游客们提供了一处集中品评我国著名书法绘画艺术作品的休闲之地，真的是功德无量！闲来无事，在廊间徜徉，几乎可以忘尘……

福惠众生庙俗好

　　一座道观，不仅延续着道教神仙的香火，而且承载着周边民众的许多美好愿望。八仙宫在西安地区发挥着积极的文化影响力，以它为中心形成的民间风俗，已经超越了它本身的宗教意义，给人们带来独特的乐趣，为神的服务和为人的服务在这里自然地结合在一起。每到年节，这里便弥漫着人神共娱的祥和气氛。

新年争上头炉香

许多地区都有大年初一到寺庙道观里烧头香的传统民俗，八仙宫也历来是西安地区新年祈福的主要场所之一。每年的大年三十晚上，也会迎来众多敬香的人们。

头炉香，就是大年初一凌晨，信徒在神像前焚烧的第一炷香。这第一炷香，意义非凡，旧时一般是由庙里的当家人来敬献的。后来，头炉香的宗教意义被民间发挥到极致，人们以"抢先"为"虔诚"，就形成了新年争上头炉香的民俗。大家相信，谁能够第一个把香插进香炉敬献在神前，谁

◎ 文化活动场面

◎ 香客敬香

就可以得到一整年的好运。这其中包含了人们对幸运、平安、财富等的美好期望。

　　说到香，话题自然多了起来。人类使用天然香料的历史非常久远，我国也有着悠久的香文化。在春秋战国时，我国对香料植物已经有了广泛的利用。秦汉时，上层社会流行熏香，并出现了调和多种香料的技术。魏晋南北朝时，熏香在文人阶层受到追捧。唐代时，对香料的研究更加细致，产生了专香专用的现象。从宋朝直到当代，香不再是上层社会的奢侈品，而渐渐地完全融入了人们的日常生活。香的用途主要是净化空气、提神醒脑、除秽辟邪、营造氛围等。

　　但是，宗教用香还是有区别的，因为在宗教活动中使用的香，包含着神圣的意义。我国古代就有祭天的活动，以"燔柴"为祭祀的礼仪。具体做法是，把玉帛、牺牲等祭品堆积在柴草之上，然后点燃焚烧，使燃烧祭品的气味能够飘升到天上。这其中显然是受"五行"理论中"火性炎上"的思想影响，认为这样就能让高高在上的神明享受到人间美味了。

◎ 推行环保香

然而,"燔柴"毕竟显得原始而野蛮。随着宗教的发展和改善,以及香文化的流行与普及,宗教的敬香礼仪就越来越规范越精致了,并且在宗教活动中成了必不可少的环节。我国香文化的鼎盛,与儒释道三教都提倡用香是有着密切关系的。这里仅说说道教的敬香吧。

道教传承了中国古代祭祀思想,也相信"灵香可以达天帝之灵所"。道教敬香包含了供养、传达、招魂、静心这四种含义。

供养,指的是供养诸神。道经中说,要经常烧香来供养道、经、师三宝;香云缭绕,可以供养包括上界云府高真、中界岳渎威灵、下界水府仙官在内的三界诸神。

传达就是传情达意,表示虔诚的信仰之心。人们想要表达诚意,就一定要敬香,香烟可以上通天界,让各位神灵了解了敬香之人的心意,就会降下福祉。所以香是道教斋醮祭祀活动中不可或缺的信物。

招魂香主要是用来作阴事道场时与幽灵互通信息的。一般要烧三炷香:

第一炷香，打开通往三界的道路；第二炷香，到达幽冥地府；第三炷香，飘散到阎罗十殿。以此让亡魂了解阳间亲人对自己的思念和祭拜。

静心香则是道教徒自身修持过程中使用的。道教徒深信，经常诚心诚意地焚香，可以使身心得到清静澄明的美好状态，这就是静心香的意义。正如王重阳祖师《踏莎行·咏烧香》中写的"身是香炉，心同香子"。

总之，道教徒相信"九天之上，惟道独尊，万法之中，焚香为先"。道教科仪中有大量的"臣香文"，对香的奇妙功能有很多赞美之词。

关于道教用香的奇妙功能，还有一个神奇的传说呢。公元28—75年，即汉明帝时候，有一位叫燕济的真人。有一天，来了三位道士在他的住处借宿。因为都是修道之人，免不了讲玄说道，相谈甚欢。直说到半夜，还意犹未尽。这时，燕真人说起，晚上练功时，常有邪魔来干扰他，所以打算另找个住处搬走。那三人中的一位说："哪里用得着搬家啊？把邪魔赶走就是了！"燕真人无奈地说："我功力还不够深厚，抵不过那个邪魔啊。"只见那人拿出一个小盒子，说："我这里有一种奇异的香。把这香在住处焚烧，可以与天界神灵感通，得到神灵救助。送你一些吧。"燕真人半信半疑，不解地问："就这一点点香屑，真有那么大的功用？"那人说："这香能够打开天门地户，沟通仙圣神灵，入山可以驱走猛兽，打仗可以避免刀枪，久旱可以招致甘霖，渡水可以免遇风波。要使用它的时候，有火就把它点燃焚烧，没火就把它嚼碎喷吐出去。只要你静心修持，自有龙神护佑，没有不灵验的。"后来，燕真人按照他的话做了，果然不再有邪魔来犯。

道教敬香还有考究的仪范。具体做法是这样的：先选三炷完整的线香，点燃后，面对神像，双手举香与额头相齐，躬身敬礼；然后右手持香，左手上香，即把香插在香炉中，先上正位，次上左位，再上右位，这里所说的"左右"是按照神像位置而言的，对敬香的人来说，方位恰好相反。这三炷香要插直、插齐，之间间隔不能超过一寸。道教敬香后，还要行三礼。一揖三叩再一揖为一礼，重复三次。叩头时，五体投地，即双足、双手着地，头磕下去时要触到手。而且，双足要站成八字形，双手握成十字形，以身体为一，表示道祖的"八十一化"。

宗教的敬香讲究的是一个"诚"字，不像民间认为的那样，香烧得越多越能感动神灵。有些香客，甚至把成把的香烧成明火，其实是不符合宗教原意的。八仙宫近些年来，一直倡导文明敬香，推广污染较少的环保香，宣传"三炷真香"的含义，不仅是弘扬道教的正义正法，而且具有环境保护的意义。这样，才算得上实现了烧香的真正功德，正如道经中所祈祷的：但愿烧香的功德，流传到善男信女的家中，为他们带去吉庆平安、欢乐幸福……

祈福求安打金钱

走进八仙宫的山门，首先映入眼帘的是遇仙桥。遇仙桥两旁分别放置了金色的标志牌，右边是遇仙桥的中英文简介，左边牌子上写的是"打金钱"民俗活动的说明。

道观里修建遇仙桥，是司空见惯的。人们走进庙堂，踏上遇仙桥，就是取个幸运吉祥之意。八仙宫遇仙桥的来历，倒有三种说法。第一种说法取自王重阳甘河遇仙的传说。当年重阳祖师在酒监任上自觉失意，弃官求道，嗜酒佯狂，在甘河边遇到仙人点化，传给秘文，最终成道。因此在甘河留下仙迹"遇仙桥"，至今犹存。八仙宫的遇仙桥可以说是对这个仙迹的模仿与重现。

但是，八仙宫历来供奉的主神是钟吕八仙，所以第二种说法认为遇仙桥是为了纪念吕洞宾遇到上仙汉钟离，被一枕黄粱梦劝化入道、证真成仙的故事。第三种说法也与吕洞宾有关，说的是唐朝时，曾经有人在此遇到吕洞宾显圣，因而造桥纪念。八仙宫修建遇仙桥，总是宗教心理的一种体现。就八仙宫自身的

◎ 金钟、金钱

◎ 遇仙桥

信仰特色而言，大家更倾向于后两种说法，也就是把遇仙桥当成纪念吕祖的仙迹。

其实，后两种说法似乎都与"桥"没有直接的关系。但是，也许可以这样理解，"桥"的作用就是连接与沟通，人神之间毕竟不是那么轻易能够相遇的，所以借助"桥"来象征人向神靠近的企愿。人们来八仙宫，过遇仙桥，不也是希望能够会会神仙吗？虔诚的人们自然相信，当自己走过遇仙桥，诚心诚意地把布施投放到桥下时，就一定会打开遇仙的通途，实现与仙结缘、得仙赐福的美好期望。

传说吕祖得道成仙后，不想立刻升天享福，而是发下宏愿济世度人。他经常使用两件法物：金钟和金钱。这个金钟呢，可以通彻天地、降魔驱邪；而金钱呢，可以普度众生、福佑善信。所以，八仙宫在修建遇仙桥时，同时在桥拱下，左右两边分别悬挂着一大枚金钱，在金钱眼中，又系着一个小金钟。到八仙宫进香游赏的人们,在随缘布施的时候,并不是把钱币直接投放到桥下的池中,而是要用钱币努力去击打这一对金钱金钟。据说,"金钱"象征着财运、官运和一切福运,所以击中金钱,好运连连;"金钟"则预示着富贵、平安,所以击中金钟,幸福一生;如果能够既击中金钱,又击中金钟,那就更是福慧双至,吉祥如意,万事亨通啦!

关于打金钱的民俗活动,其他地区也有。大家知道,古代的钱币人称"孔方兄",说的是它外圆内方的形状。而积攒钱币,多是用线绳从中间的方孔串起来。所以人们对于有幸发了财的人们,总会戏谑地说:"你真是撞到钱眼上了!"

八仙宫的打金钱活动,结合了吕祖度人赐福的宗教含义,是具有自身的信仰特色的。为了方便广大信众、游客打金钱祈福求安,八仙宫在请香处还专门设置了硬币兑换点,每当庙会节庆,游人众多的时候,还把兑换点搬到遇仙桥旁来服务。

另外,八仙宫还有一间万福堂,也是一处请"福"的道场。万福堂在吕祖殿西侧走廊间,与解签房相对,里面供着慈航真人观世音、财神、文昌帝君文曲星。慈航法力无边、有求必应,财神开行利市、招财进宝,文曲主管科考功名、仕禄晋爵,这在现代社会仍然是人们梦寐以求的期待,所以万福堂也是应时所需、应人所求啊!人们可以恭请玉质的"福牌",开光后"戴福返家",把名字写在桃木制的"祈福牌"上,悬挂于万福堂中,喻示着"人在福中"。道长们每天会诵经敬香,填写通神表文,在初一、十五的祈福法会上焚表传愿,让请福牌者吉星高照、事事如意。

但愿,人们在吕祖及八仙、观音菩萨、财神、文曲星诸位神灵的庇佑下,真的福到财来,圆满欢喜!

共沐神恩摸福字

对于善男信女来说，除了巍峨肃穆的殿堂、庄严慈悲的神像之外，八仙宫内其他的许多建筑装饰也同样包含着神圣的意义。通过触摸它们，沾染神气、仙气，获得福气、运气，驱除晦气、病气，这是人们最单纯不过的朴素追求。

八仙宫八仙殿的东侧山墙外面镶嵌着一通碑刻，内容是《黄石公素书》；西侧山墙外面镶嵌的是《黄帝阴符经》。不知从何时起，人们认为用硬币能贴在哪个字上，就能获得这个字代表的好运。例如，希望自己所做的事情能够得到圆满的结果，就贴"成"字。据说这样做还是蛮灵验的哦！

《黄石公素书》分为《原始》、《正道》、《求人之志》、《本德宗道》、《遵义》、《安礼》六章，共计1600多字。其中，包含寓意美好的实意字有20多个，如"廉可以使分财"中的"财"字，"见利而不苟得"中的"利"字、"得"字，"乐莫乐于好善"中的"乐"字，"福在积善"中

◎ 平安福贵浮雕

的"福"字、"吉者百福所归"中的"吉"字,"顺者易行"中的"顺"字等,都是被贴压率比较高的,尤其是"福"、"安"、"顺"等字,已经被磨损得看不到了,只留下一处处光滑晶亮的凹陷痕迹。奇怪

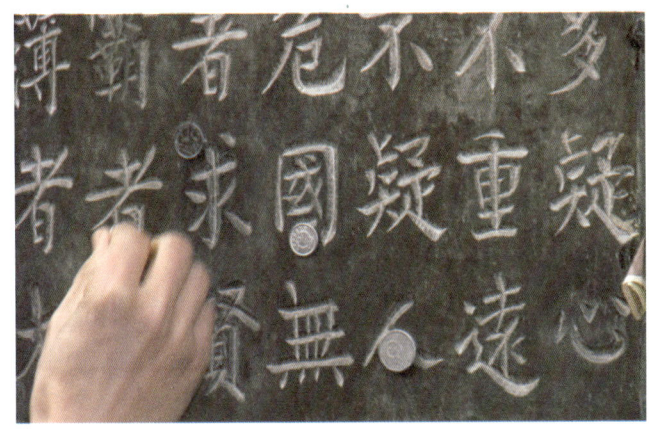

◎ 摸福字

的是,"废"和"与"两个字也被磨损得很厉害,大概人们把"废"字错认成了"发"字,而"与"的繁体字又和"兴"的繁体字相像,同样被错认了。

八仙殿的西侧山墙外面镶嵌的是《黄帝阴符经》。《黄帝阴符经》包括《神仙抱一演道章》、《富国安民演法章》、《强兵战胜演术章》三章内容,只有精练的300多字,其中的吉祥字有:昌、发、合、巧、火、生、宜、得、能、乐等。从碑刻中深浅明昧不同的字上,我们同样看到人们对健康、幸福、顺利、美好生活的向往和追求!

八仙殿墙基上还镶嵌了"平安福贵"浮雕,浮雕为竖长方形,长方形的四个顶角处分别雕着一只蝙蝠,上边两只蝙蝠之间是"平安福贵"四个字,字的正下方在一圆圈内画着插在大花瓶中的牡丹花,牡丹花饱满地盛开着;大花瓶左侧还有一只小花瓶,里面插着柔软的草本花,枝叶蔓延成整幅画的背景,自然协调。大花瓶背后,还平放着一支如意。小花瓶瓶肚上刻着篆体的"吉祥"二字。

整个浮雕中,蝙蝠代表着福气,因为"蝠"与"福"同音,民间历来把蝙蝠作为吉祥画的主角之一;花瓶的"瓶"字则与"平"谐音,代表平安之意;牡丹花象征富贵,如意象征万事顺心。这真是一幅充满寓意的吉祥画啊!所以,当你看到它释放着淡淡的晶光的时候,一定不会太惊讶吧?

人们无数次的抚摸，竟使得这幅浮雕更显得凹凸分明、错落有致，充满强烈的立体感，更增添了这幅作品的艺术性。所以，与其说它是被刻刀雕出来的，不如说它是被千百颗虔诚的"心"雕刻出来的。

八仙宫斗姆殿外墙壁上东西各有"百福图"和"百寿图"碑刻，同样接受了数不清的摩挲，字里行间似乎透着神秘的光晕。

为了满足人们祈福求安的宗教需求，八仙宫还为未满12岁的小孩开设了求平安锁、平安符的服务活动。按照民间的说法，小孩魂魄不全，更容易遭遇危险、意外。而平安锁，就是用金锁或银锁把小孩寄名于吕祖座下，借助吕祖的神力保佑小孩福慧双全、平安吉祥。等到小孩年满12周岁之后，再通过专门的仪式将锁打开，喻示着打开孩子的智慧。平安符的道理也是一样的。

光明灯也是一种平安福慧的象征。点光明灯，有照耀前途之意，同时也能达到消灾植福、阖家平安的目的。每月初一、十五，八仙宫的诵经团会专门为点灯善信诵经祈福，点灯者可以得到精神力量，成为生活、工作和事业的动力。点灯者一般要把姓名年龄登记在光明卡上，并捐赠一定数量的功德金，这些善款都会用于宫观维护、塑造神像和慈善等社会公益事业，所以光明灯也叫寄名灯、功德灯。在善信心中，点燃一盏光明灯，就能够求神给自己承诺一个光明的未来！

在八仙宫，人和神之间就是这样，通过各种方式交流着心意、沟通着感情。不知道，最终是人沾染了神气而获得了幸福，还是神赢得了人气而变得更灵验呢？

心想事成摸神龟

在中国，许多寺庙宫观、陵墓祠堂里，除了供奉神灵或祖先神位之外，大都有些被视为吉祥物的物品，或是建筑的某个部分，或是某件历史遗存，或是一棵树，等等。例如黄帝陵的轩辕手植柏、重阳宫的重阳祖师手植银杏，还有北京白云观里那三只不见面的"猴子"。人们相信抚摸它们能给自己带来福气、运气、财气和健康，能令自己梦想成真。而八仙宫则有一个"石龟"，以及上善池围柱上的石狮、遇仙桥柱上的石榴等，都是颇受香客们喜爱的吉祥神物。

八仙宫的石龟，长约1米，宽约70厘米，背上有一个一尺见方的方

◎ 神龟

孔。从这个外貌来看，显然曾经是一通碑石的底座，即龟趺。这只"石龟"口中还刻着明显外露的牙齿，其实它的真实名称应该是赑屃。赑屃属于龙生九子之一，形象像龟，所以人们称之为"神龟"。

赑屃，古代传说是龙的九个儿子中的长子。明代杨慎在他的《升庵集》里详细地记载道：民俗传说，龙生有九个儿子，都没有成为龙，它们各有各的喜好和本事。老大叫作赑屃，外形长得像龟类，喜欢背负重物，现在在碑石下设置的基座就是赑屃；老二是螭吻，长得像野兽，喜欢站在高处远眺，现在建筑房屋在屋顶上设置的兽头就是螭吻；老三叫蒲牢，像龙的样子但是身材略小，喜欢大声吼叫，现在人们把它装饰在钟上面作纽；老四是狴犴，长得像老虎，威猛正义，被安放在监狱门口以示庄严；老五叫饕餮，是个爱吃的主儿，人们就把它放在鼎盖上；老六是蚣蝮，喜欢游泳，常常作为桥柱上的装饰；老七叫睚眦，听着名字就知道它脾气不好，喜好杀戮，所以被装饰在刀环上；老八叫金猊，长得像狮子，喜欢烟火，就做了香炉上的装饰；老九叫椒图，外形像螺蚌，喜欢闭门不出，所以被安排在店铺门外做守护者。

赑屃，也叫霸下。古时候，霸下常常驮着三山五岳，在江河湖海里兴风作浪，危害很大。后来大禹治水时收服了它，它听从大禹的指挥，推山挖沟，疏通河道，成了治水的功臣。但是大禹还是担心它居功自傲，没正经事儿做的时候，又要到处惹祸。所以他得想个办法防范霸下旧病复发。后来大禹制作了一块特别大的碑石，上面刻下了霸下治水的功绩，让它自己驮着。这下好了，霸下吃力地昂起头，拼命往前爬，还是挪不开步，只好安分下来。人们看到赑屃的功德，把它当成健康长寿、吉祥如意的象征，认为触摸它能给人们带来好运。现在，我们游览寺院祠堂，也常常能见到这位任劳任怨的大力士。

来八仙宫祈福的香客，都喜欢抚摸这只赑屃。他们亲切地称它为石龟或神龟。在抚摸石龟的时候，先把左手按在它的头部，沿着石龟逆时针环绕一周。然后面对石龟双手抚摸石龟的头部或其他部位，接着用摸过石龟的手抚摸自己身体相应的部位，据说这样可以去除身体这个部位的病气；

或者全身拍打一遍，有病治病，没病防病，祈求健康平安。有些游客虽然不理解香客的做法，但是听了解释，也会笑呵呵地模仿一番。此情此景，总是被平凡的幸福感包围着。

八仙宫的石龟，长年累月，承载着人们美好的寄托，被摩挲的部位光滑如玉，常常有不知真相的游客误以为是墨玉雕成的。石龟也似乎被磨去了传说中的戾气，怎么看都觉得它憨态可掬，想象不出它兴风作浪的时候是个什么样子！也考证不出，以前在这里它曾经驮着怎样的一通碑石。现在，它被放置在灵官殿西侧、书廊的北端墙角处，安详地趴着，旁边的一个小窗台上摆放着许多香客赠送的还愿牌，有的写着"有求必应"，有的写着"神龟显灵"，有的写着"心想事成"，无外乎感激神龟帮助他们实现了自己的祈愿。牌子制作得精美整洁，言辞恳切真诚，令人深深地感受到赠奉者虔诚的感恩之心。

另外，八仙殿前的上善池，其围栏柱顶上装饰着八个小石狮，也同样

◎ 上善池

受到了香客们的膜拜，被摸得晶莹光滑，使人觉得更加亲切可爱。上善池是一个放生池。道观的放生池，大多命名为"上善"，取自老子《道德经》中"上善若水"一语，与放生行善、积德累功恰好意义相符，相得益彰。八仙宫的上善池为八角形，每个角上的石柱的顶端雕有一个石狮。池中央是一个八卦台，台的八侧分别雕着"暗八仙"，即八仙各自的法器。台中有孔，祈福者能把钱币投进去表示能够如愿。池中有被放生的鱼龟之类，鲜活可爱，常有游人驻足观赏。

除石龟和小石狮外，八仙宫遇仙桥柱上还有四样装饰：石狮、石桃、石榴、石猴，因为它们包含着升官发财、多子多福、长寿健康的寓意，所以也被人们抚摸得光亮可鉴。

诚然，人们膜拜了威严高远的神像之后，再如此亲近地抚摸一下这样的"神物"，心里自然是要踏实得多了呢！那光滑晶亮的表面反射着人们多少美好的愿望啊！

有求必应吕祖签

在道观中，求签是一项很常见的活动，它是中国古老占卜活动的一种流变形式。在不同信仰特色的寺庙道观里，使用的"签"也会有所不同。八仙宫自然是采用"吕祖灵签"来满足信众的求签需要，求签活动也被安排在吕祖殿内。吕祖遇仙成道、发愿济世度人，在民间颇有人缘，被人们尊为排忧解难最有帮助的神灵。所以，"吕祖灵签"也被赋予了神秘的灵验性。"吕祖灵签"共计一百支，签文精简流畅，寓意玄深，信徒们都相信它是指点迷津、普化有缘的灵文秘语。

"吕祖灵签"的内容安排一般是这样的：签的序号、一首隐喻诗文、一首解释的诗文。旧时，每一支签上包括以上每项内容。现在，一般把标有序号的竹签放在签筒中，而诗文则另外印制在纸上。

抽签的方式一般有三种。一种是晃动签筒直到掉出一支竹签，这支竹签算是抽到的签；第二种是直接在签筒中抽取一支签；还有一种就是晃动签筒，找出出头最高的那支签。求签者抽到签后，再对应序号领取到签文。

"吕祖灵签"的签文都是用古人故事来做隐喻。例如，第一签叫作"古人王母祝寿"，诗文是："蓬莱东阁玉桃香，顺水行舟仙赐方；宜男正好图全计，不必他方卜地长。"这前两句说的是古人故事，即王母娘娘大寿，三界众仙家前往致贺，场面热闹非凡。王母娘娘赐给客人们仙桃、仙丹等美食，吃了可以长生不老。众仙的大聚会，可想而知，自然是吉庆的征兆。后两句说的是卦象，表示抽到此签的人正处在好运时期。

第一签的解释诗文是："占得鳌头百事成，逢迎到处不须疑；从兹修省能方便，福禄绵绵自可期。"大致意思是说，运势通达之后，独占鳌头，出人头地。此时，身边会出现许多趋炎附势的人，一定不能利欲熏心，产生

◎ 签盒

怠惰之意，制造人为的障碍，断送大好前程；而是更要修身养性、稳健踏实，这样才能使福禄绵绵不绝。

求签者取到签文后，一般还要找负责解签的师傅再解说一番。八仙宫吕祖殿旁专设了解签房，这样是为了保护求签者的隐私。抽到签的人，只看了两首诗文，一般还是不能明了所求之事究竟是吉是凶。而解签师傅则可以根据求签者所求之事进行详细的分析，给出具体的建议。还以第一签为例，求签者如果想谋事，那么签文的含义是不要急于求成，需要等待时机；如果问婚姻，倒是吉利的，但需要等候最合适的机会；如果问生孩子的事，则意味着顺产，生男孩；如果预卜诉讼输赢，则表示双方可以和解；等等。

其实，吕祖本人是并不赞同求签问卦这类事儿的。他曾经写过一篇《劝世文》："一毫一善，与人方便。一毫一恶，劝君莫作。衣食随缘，自然快乐。算什么命，问什么卦。欺人是祸，饶人是福。天眼昭昭，报应甚速。谛听吾言，神钦鬼伏。"也就是说，算命问卦不如积善修德，道充德备，自然吉庆平安。

但是，人们在生活中，难免会遇到点儿疑难、困惑，所以往往期望从标注着各种不同命运的竹签里，可以摇出属于自己的平安、财势和运道；或者从玄奥的签诗里，预测出自己未来一段时间的吉凶祸福，以便能够趋吉避凶。这种心理是很正常的，不能简单地归结为迷信。很多人来到八仙宫，虔诚地礼拜吕祖之后，抽上一签，听解签师傅耐心地讲解与劝导一番，心里多少都会卸去一些负担，增添许多信心，勇敢面对生活中的不如意。据说，吕祖的签十分灵验。其实都是那些签诗对人的心理起到了疏导与解压作用，这是不可否认的，不过它是以宗教的形式表现出来罢了。

  为了规范地进行抽签服务，八仙宫要求抽签的人们在抽签前要洗心净念、沐手焚香、虔诚祷告，并且要求只能一事一签。求签完全出于自愿，可以随心布施功德，功德钱都用于八仙宫的建设。八仙宫还提示求签者，没事儿不要随便求签，否则，一方面惊扰神灵，一方面对己无益。这也是以吕祖的信念引导信众树立正信，积德求福，而不是把命运寄托在小小的竹签上。

法会庙会利众生

在八仙宫，与年节相关的法会、庙会主要是春节期间的祈福道场。包括祭灶、接玉皇、初一祈福、拜太岁等。

这要从每年的腊月二十四送灶神说起。我国的春节一般是从腊月二十三就拉开了序幕。送灶神有时间安排上的规矩，就是"官三民四船家五"，即官府送灶神仪式在腊月二十三举行，一般老百姓家在腊月二十四，而从事渔业或摆渡的水上人家被安排在腊月二十五这一天。民间认为，每家所供奉的灶王爷每年春节前要上天见玉皇大帝，禀报这家人一年间的所作所为，甄别善恶，定夺赏罚。人们会为灶王爷准备供品，最重要的就是蜜糖了，据说让灶王爷吃了蜜糖，粘了嘴巴，他就不会说坏话了。

应民俗所需，八仙宫在每年腊月二十四也会供奉洁净的茶果点心，以道教的诵经科仪举行祭灶仪式，恭送灶神上天；到了大年三十，再举行相似的仪式迎接灶神回来，以此祈求灶神"上天言好事，下界降吉祥"。

送过灶神迎玉皇。每年腊月二十五，八仙宫以专用的"玉皇巡天之辰"的科仪迎接玉皇圣驾。通过这种科仪恭请玉皇大帝降临人间，为人们赐福禳灾。

新年第一天，八仙宫举行祈福纳祥法会。这是新春的第一场法会，格外隆重喜庆。人们这一天在神灵的护佑下许下美好的愿望，相信多半是能够实现的。

从正月初五到二月十五，道观里都会举行拜太岁的大法会。道教认为，天界有六十位太岁神，以干支纪年法计算，六十年为一周期，每年有一位太岁神当值。一个人出生的当年太岁称为"本命太岁"，会福佑自己的一生。据说，太岁神神通广大、法力无边，直接掌管着人的吉凶祸福。所以，

◎ 法会场景

每年新春时节，祭拜太岁神，是非常重要的。八仙宫和其他道观一样，届时举办庄重的法会，上为国家人民祈福，求得国泰民安，时和岁稔；下为老百姓禳解，避免流年不顺、家庭不睦、生意不兴等。

除了年节时期的祈福法会，每月初一、十五，八仙宫也都有庙会，有开光祈福法会，满足人们的心愿。

年节之外，最隆重的就是庆祝神诞的法会了。八仙宫主要的神诞法会有玉皇会、上元节和吕祖诞辰。

正月初九是玉皇圣诞，俗称"玉皇会"。传说在这一天，三界的各路神仙，都要前来庆贺。而玉皇自腊月二十五到人间，直到这天接受朝拜之后，就要在下午返回天宫去了。八仙宫在这天举办隆重的庆贺科仪，同时进行"安太岁"仪式。

正月十五，是民俗节日元宵节。在道教中，这一天也是"上元天官紫微大帝"的诞辰，叫作上元节。道教认为，宇宙形成之初，产生了天地水三气，三气演变为长养万物的三位尊神，分别是"上元天官紫微大帝"、"中元地官清虚大帝"、"下元水官洞阴大帝"。其中，天官能赐福，所以在上元节，道观会举行祈福纳祥保平安阳事道场，八仙宫也不例外。

　　八仙宫主神吕洞宾的圣诞在四月十四，庆祝活动不比寻常。以2010年为例，八仙宫为此举办了"纪念吕祖诞辰1214周年系列法会活动"，从农历四月十三日至十六日，为期四天，包括庆贺祖师诞辰、祈福迎祥、倡导行善修福、追荐超度等一系列宗教文化活动。

　　八仙宫活动把这次活动的主题定位为"慈爱、健康、祈福、和谐"，其中的内涵是："慈爱：慈心下气、恭敬一切、相互依扶、怜爱万物；健康：尊重自然、善待生命、清心寡欲、养生健身；祈福：心存感恩、善心善行、祈福中华、万民吉祥；和谐：天人合一、人我和合、社会和谐、世界和平。"

　　活动第一天，举行了法会开坛仪式，举办了"道与人生"专题文化讲座和道教传统功法传授活动。第二天上午以锣鼓表演庆祝圣诞，举行万民祈福大法会以及"行善修福、发愿度人"倡导活动；下午进行了金刚功和太极拳表演、道教经典讲座。第三天仍然举行道教经典讲经活动，还有祈祷世界祥和暨祈福中华大法会以及神像及吉祥物开光法会。第四天是"慈爱放生"法会、超度在各种自然灾害中罹难亡灵大法会。法会期间，八仙宫还开展了赠送精致平安护身符活动和信众品尝"八仙宫传统斋饭"活动。

　　八仙宫在活动宣传单上，还注明参加法会的各项注意事项，如衣着整齐、关闭手机、避免喧哗等，引导信众文明地表达虔诚之心。整个活动过程有条不紊，气氛祥和，很好地弘扬了道教的正义正法，体现了良好健康的道风道貌。

　　另外，八仙宫还有阴事道场，包括清明节、中元节、下元节等。清明节是我国传统节日中最重要的祭祀节日；七月十五中元节，俗称鬼节，是民间普遍重视的祀鬼节日；十月初一，秋收之后，冬季来临，是民间为去世的亲人送食物、寒衣的节日。在这三个节日里，八仙宫举办阴事大法会，为亡者超度亡灵，使其离苦得乐，早得解脱。

　　道观最基本最主要的功能是宗教功能，也就是体现为神服务的作用。当然，为神的服务最终要落实在为人服务的最终目的上。八仙宫每年的重大法会、庙会，就是把为神服务与为人服务紧密地结合在一起，充分发挥了它作为西安市最大道教宫观的宗教文化影响力。

道情唱得心常安

每到年节,或是初一、十五,八仙宫里总是熙熙攘攘的。书廊内、后花园,常常可以看到有人唱道情、讲故事。

道情,源于唐代道教徒在道观内所唱的经韵,一般是诗赞体。宋代后吸收词牌、曲牌,渐渐衍变为新的经韵。出家人化缘时,不免要诵经布道,于是就产生了利用这些经韵演唱"道中情理"的道歌,也就是道情。南宋时开始使用渔鼓、简板作为伴奏。元代以后,道情散传各地,演唱形式也发生了许多变化,形成不少地方特色的道情戏。

◎ 唱道情

陕西关中是道情流传的主要地区之一。关中地区民间长期有"一经二词三道情"的说法,更可证明道情是由道教的诵经唱词演变发展而来。关中道情唱词灵活多变,自成格局,有五言、七言等形式,其中还吸收了秦腔的唱腔和伴奏乐器。

有几位老人,经常到八仙宫来唱道情。虽然,现在的道情表演大大比不上史记记载的道情戏的规模,甚至只是一些单曲的演唱,没有曲折的故事情节,也没有正规的乐团伴奏,更没有演唱者的华丽行头。但是有人来唱,总是受大家欢迎的。

你看那边,一位老太太手里拿着一对儿小金钟,站稳了脚跟,找准了感觉,从容不迫地唱起来了:"一不得,别人笑话看不得;二不得,下坡轱辘掀不得;三不得,过河桥儿拆不得;四不得,缺德事儿做不得;五不得,伤情脏话说不得;六不得,傻子老小欺不得;七不得,是非话儿听不得;八不得,损人利己了不得。"她一边认真投入地唱着,一边时不时地敲打着手中的小金钟,高亢的秦韵和着清脆的钟声,显得格外悦耳。众人听着,不时地发出赞叹,有的还小声跟唱着。老太太越发来了劲,一首接一首地唱下去。

再看这边,一位须发皆白、慈眉善目的老人慢悠悠地走到石凳边,放下手中的包儿,坐了下来。有人见了,急忙过来打招呼,问道:"来啦?"老人还是慢悠悠地回答:"来啦!"这一位又说:

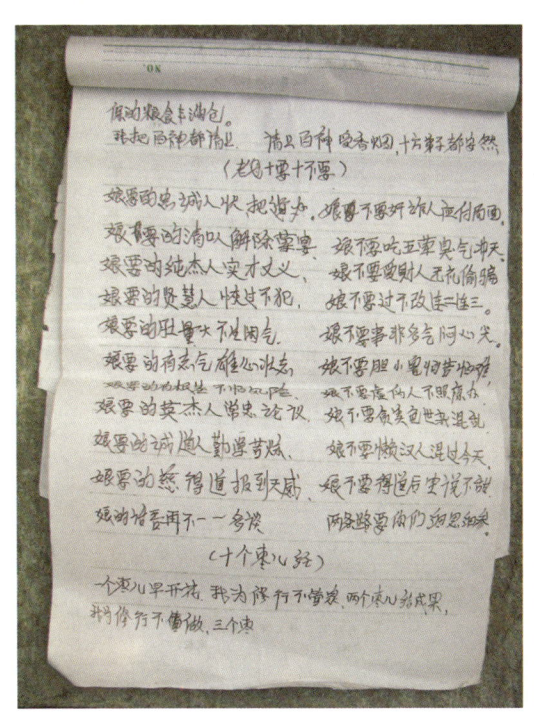

◎ 道情手抄唱本

"唱一段儿？"老人答："唱一段儿！"就有人围了过来。老人仍旧坐着，清清嗓子，开始唱："娘要的忠诚人快把道办，娘不要奸诈人应付局面；娘要的清口人解除荤宴，娘不要吃五荤臭气冲天；娘要的纯洁人实才仗义，娘不要爱财人无理偷骗；娘要的贤惠人悔过不犯，娘不要过不改连二连三；娘要的度量大不生闲气，娘不要是非多气闷心间；娘要的有志气雄心壮志，娘不要胆小鬼怕苦怕难；娘要的有根茎不怕风险，娘不要虚伪人不照原办；娘要的英杰人朝中论议，娘不要贪美色世杂混乱；娘要的诚道人勤学苦练，娘不要懒汉人混过今天；娘要的慈得道报到天感，娘不要得到后空说不甜；娘的话吾再不一一多谈，两条路由你们细思细参。"余音未断，便有人议论起来了，有的说"现在的孩子不听老人的话，常犯错误"，有的说"社会风气不好，年轻人容易学坏"，有的说"这样的老娘要多一点才好"……

也有年轻一点的演唱者，那是一位个头不高却精神抖擞的小伙子。他喜欢唱一些轻快欢乐的词曲。比如这一首《敬神吉利语》："初一十五把门开，财神喜神都进来。骡马成群人兴旺，一家大小福寿长。前院修的滴水瓦，后厅盖的高楼房。日日使用时时进，年年月月有余粮。勤俭节约聚宝盆，聚宝盆里开红花。一人修行带全家，财神爷爷来进宝。娘娘跟上送喜郎，一家和气有钱粮。神佛面前莲花开，善男信女拜佛来。一日三参九礼拜，又享荣华又遮灾。"他不仅唱得喜气洋洋，还经常伴着灵巧欢快的手势、愉悦诙谐的表情，人们常常被他惹得喜笑颜开。这必定是他最喜欢看到的场面。

听来听去，你会发现，这些演唱者唱的内容，都是劝人为善的，劝人们为社会作贡献、在家中尽义务，维护父母慈爱、兄弟友爱、婆媳和睦、同事相助的和谐社会人伦关系。这其实就是最朴素的"道中情理"吧。正如郑板桥谱写"道情十首"时说的："我如今也谱得道情十首，无非唤醒痴聋，消除烦恼。每到青山水绿之处，聊以自遣自歌，若遇争名夺利之场，正好觉人觉世。"

所以，来八仙宫，遇上唱道情的，不要急着离开哦！置身其中，仔细地聆听，常常可以感到说不出的宁静喜乐。这不正是人们追求的和谐和美的图景吗？

素斋养生悦心目

烹饪文化是中国传统文化的重要组成部分。八仙传说常常被作为文学艺术的题材，同时也被广大烹饪工作者所重视。以八仙命名的菜肴，不仅具有诗情画意，而且历史悠久。

元《居家必用事类全集》中就已经有了相关记载，其中有一道著名菜品叫作"聚八仙"。到明清时期，"聚八仙"还一度成为朝廷贡品。还有《孔府档案》中记载，慈禧太后每年生日时，会召集全国名厨到宫中献艺。1894年，孔子后裔孔令贻携妻随母进京贺寿。孔母被安排在十月初四进献早膳，她做的就是"八仙鸭子汤"和"燕窝八仙汤"。时至今日，许多菜系中，都有以八仙命名的菜品。

八仙宫的八仙养生斋与以上记载的菜系不同，都是素食，这里还有个神妙的传说呢。传说宋时一位姓郑的秀才在长安酒肆夜宿，梦见了八仙到此游玩，并且摆了宴席，尽欢而散。后来人们不仅据此修建了八仙庵，而且根据郑秀才回忆的梦中情景，记录下八仙游宴时享用的各类食品、菜品。后来经当时庙观当家的整理，代代相传，成为庙内道长修行养生的专用素食，但一直都是秘不外传的。慈禧西狩西安时，也曾在八仙宫用过素斋，并大加赞赏。此后，八仙宫养生素斋美名远扬，成了达官显贵争相追捧的享受。

由于历史原因，八仙养生斋中断了近百年，几乎失传。现任住持胡诚林等道长发心挽救八仙宫的文化遗产，经过长期搜集、整理、创新，形成了现在养生斋中供应的系列菜品，并重新修建了八仙养生斋堂。这是西北地区首家以道家养生素食为主的素食餐厅，中国道教协会会长任法融大师亲题匾额"八仙养生斋"。

◎ 八仙宫养生斋堂

八仙养生斋的菜品结合了道家养生理念和当代人的健康需要，低盐少油，不用味精，用料考究。在菜式上，也充分显示了厨师的高超技艺和独特匠心。

这里的凉菜用料新鲜，吃起来鲜香脆嫩，具有田园风味。比如这一道"阴阳和合"，圆形的瓷盘里，用黑木耳、白木耳（银耳）平铺成太极图形状，白的如玉，黑的似墨，黑白分明，赏心悦目。吃起来鲜脆爽口，清凉之意直透肺腑。菜单上还注明了木耳的养生功能，诸如益气强身、抗血栓、降血脂、防治多种老年病等，让用餐者吃得既明白又放心。

黄桃芦荟，是女士们喜爱的凉菜。据说芦荟的主要功效是润肠排毒、祛斑美肤，可以保持皮肤亮度、湿度和弹性。生财有道，其实是用豆腐皮包裹生菜整齐地排列在长形盘中，"生菜"谐音"生财"，自然有不少人因为这个寓意而点这道菜啦！

八仙-主食/小吃
STAPLE FOOD SNACKS

◎ 养生小吃

而热菜做工考究，菜名别致，总让人感到非常舒心。例如这一道"道家传法"，其实就是蜜汁莲藕。菜品虽然并不稀罕，但是菜名别有韵味。莲藕被精心地切成薄片，依次铺排开来，象征"代代相传"；而莲藕中空，常被用来比喻心意相通。道家传法，不正是这样，口口相传，心心相印吗？得道悟道，又满心欢喜，正如蜜汁浇淋，醍醐灌顶。普普通通的蜜汁莲藕，在这里就能吃得如此开心，好像真的能让人悟到什么吧！

汤品也令人垂涎不已。八仙养生煲，是采用多种名贵纯天然野生菌，长时间文火煨制而成。据介绍，不同的野生菌含有不同的营养成分，具有不同的药理保健作用，可以达到健脑、防辐射、增强免疫力、抑制癌细胞的功效。野生菌口感独特，汤味十分鲜美。

八仙庆寿，是把一个南瓜掏空当做容器，其中加入八种汤料，炖制而成。金黄的南瓜，本来就是很多人喜爱的素食，看上去颜色喜气悦目，吃起来味道绵软微甜。照这样炖成的汤，滋味奇妙，百吃不厌。当然原料是要保密的，这里就不说了。

这里还提供养生饮品，主要是由人参、灵芝、雪莲泡制的，可以安神补气，健脾胃，抗疲劳，增强免疫力，延缓衰老。

八仙宫养生斋堂，不仅提供精美的素食，还积极倡导健康的饮食文化。菜单上，印制了署名虚无道人的一篇《道家饮食十功德》，内容是这样的："爱护生命，茹素为德；远离五荤，清淡为德；珍惜食物，节约为德；回避烟酒，清静为德；供养十方，感恩为德；用心烹饪，欢喜为德；不思挑拣，随缘为德；饮食适度，不贪为德；日进三餐，无语为德；洗心净念，平和为德。"

在这样的理念倡导下，八仙宫养生斋堂真正做到了清静素洁，既体现了道家养生思想，又融入了现代健康饮食的需求，让前来用餐的人们真正感受到身、心、灵的净化。

图书在版编目（CIP）数据

全真丛林八仙宫/潘存娟编著. —北京：华夏出版社，2013.10
（中国道教文化之旅丛书）
ISBN 978-7-5080-7831-1

Ⅰ.①全… Ⅱ.①潘… Ⅲ.①道教－寺庙－介绍－西安市 Ⅳ.①K928.75

中国版本图书馆CIP数据核字（2013）第236196号

全真丛林八仙宫

作　　者	潘存娟
责任编辑	黄　欣
出版发行	华夏出版社
经　　销	新华书店
印　　刷	北京市华宇信诺印刷有限公司
装　　订	三河市李旗庄少明印装厂
版　　次	2013年10月北京第1版　2013年10月北京第1次印刷
开　　本	720×1030　1/16开
印　　张	13.5
字　　数	182千字
定　　价	39.80元

华夏出版社　网址:www.hxph.com.cn　地址：北京市东直门外香河园北里4号　邮编：100028
若发现本版图书有印装质量问题，请与我社营销中心联系调换。电话：（010）64663331（转）